本书是在作者 2015 年提交的博士学位论文基础上修改而成，

在此感谢我的导师林沄先生的辛勤指导！

国家社科基金
GUOJIA SHEKE JIJIN HOUQI ZIZHU XIANGMU
后期资助项目

西周基层地域组织研究

林森／著

上海古籍出版社

2021年度国家社科基金后期资助项目

（项目批准号：21FKGB001）

国家社科基金后期资助项目
出版说明

后期资助项目是国家社科基金设立的一类重要项目,旨在鼓励广大社科研究者潜心治学,支持基础研究多出优秀成果。它是经过严格评审,从接近完成的科研成果中遴选立项的。为扩大后期资助项目的影响,更好地推动学术发展,促进成果转化,全国哲学社会科学工作办公室按照"统一设计、统一标识、统一版式、形成系列"的总体要求,组织出版国家社科基金后期资助项目成果。

全国哲学社会科学工作办公室

目　　录

绪　　论

　　从以血缘关系为基础转变到以地缘关系为基础是人类社会发展的必然趋势,这种转变的趋势是与国家、政权的出现相伴的。摩尔根在其所著《古代社会》一书中将一切政治形态归纳为两种基本方式:"按时间顺序说,先出现的第一种方式以人身、以纯人身关系为基础,我们可以名之为社会。这种组织的基本单位是氏族;……第二种方式以地域和财产为基础,我们可以名之为国家。这种组织的基础或基本单位是用界碑划定范围的乡或区及其所辖之财产,政治社会即由此而产生。政治社会是按地域组织起来的,它通过地域关系来处理财产和处理个人的问题。"① 恩格斯在《家庭、私有制和国家的起源》一书中分析雅典国家的产生时认为地域组织是雅典国家形成的基础。② 在中国的古史学界,国家形成问题是一个长期的研究热点,但是近几年对此问题的研究重点多集中于国家出现的经济基础、国家出现的客观标志、早期国家的形式和官僚体系等方面,很少有专文研究国家出现时的基层居民组织。

　　朱凤瀚在其论著《商周家族形态研究》一书的绪论部分提出:"商周时代(按:这里主要指商代至春秋时期这一历史阶段,下同)虽已进入阶级社会,即恩格斯所谓组成国家的社会,代表少数贵族统治阶级利益的国家机器已建立,然而如我们在本书所要揭示的那样,社会的基层单位却并未立即转变为纯粹的地区性团体,而血缘性的家族组织仍长时期地作为社会的基层单位存在着。地区性组织虽在这种社会中缓慢地形成、发展,但直到春秋时期仍未能全部代替家族组织,这点显然与恩格斯在《家庭、私有制和国家的起源》中所论的国家的基层单位已非血缘团体而是地区团体不尽相合,因此这也可以认为是中国早期国家形态的特点。欲要说明为什么商周时期的国

---

　　① 路易斯·亨利·摩尔根著,杨东莼、马雍、马巨译:《古代社会》,商务印书馆,2012年,第6—7页。
　　② 恩格斯著,中共中央马克思恩格斯列宁斯大林著作编译局译:《家庭、私有制和国家的起源》,人民出版社,1999年,第120—121页。

家可长期地保留着血缘性团体作为基层政治单位,则需要明确在商周社会内血缘团体的性质与形态特征,这点我们将通过对商周家族形态做全面考察去探讨。"①应该说,这种观点在当前中国古史学界有相当的代表性,也就是重视中国古代"血缘性的家族组织"的存在,因而忽视了对"纯粹的地区性团体"也就是地域性的居民基层组织的研究。实际上,血缘家族作为基层单位确实是一直存在的,但是居民组织与血缘家族并非同一个层面的概念,血缘家族是社会的基层单位,而如何对这些基层单位进行统辖和管理则涉及居民组织的问题,而学界对古代中国地区性居民组织的研究则相对薄弱。中国早期国家形态是否如朱凤瀚所言的那样独特,则需要对古代中国的地域性居民组织进行充分的研究之后,方可再下论断。

　　正如上文所言,"地域性的居民基层组织"和"血缘性家族组织"并非相同层面的概念,血缘性组织有由一对配偶及其未婚子女构成的核心家庭,也有从核心家庭繁衍而成的规模不同的伸展家族。② 即使是在父权制大家族占重要地位的中国古代社会,也自然还同时并存在着相当多的核心家庭、父系的主干家族和直系家族,像战国早期孟子构想的古来的"井田制",③便是基于以核心家庭为基本生产单位的。西周金文中作为赏赐品的"臣若干家",④也显然只是小家庭。因而地域性的居民组织,可能是包含有多个不同血缘性家族组织的团体,更可能是包含有规模不同的血缘性组织的团体,而且,并不排除在一个基层地域组织之中是以一个或几个宗族为主的。在任何一个还存在血缘组织的社会中,不可能有"纯粹的地区性团体"。一个地域性居民团体中可以存在多个不同的血缘组织,他们共同构成了一种新型的、超血缘的社会关系。这种新型关系形成之后,并不排斥先前早已存在的血缘关系,两者是共存的。所以,强调中国古代社会存在血缘性的家族集团,并不足以作为当时社会中地区性团体不能发展的原由。我们理应加强对中国古代国家形成时期究竟有没有发展地域性的居民基层组织的探究,才能正确认识中国古代社会的特点。

　　地域性的居民组织,是以地缘为标尺,统筹管理一片区域内居民的一种国家行政行为。而所谓"基层"则是指这种行政区划的最底层,大致类似于

---

① 朱凤瀚:《商周家族形态研究(增订本)》,天津古籍出版社,2004 年,第 2 页。

② 核心家庭及伸展家族的概念引自朱凤瀚:《商周家族形态研究(增订本)》,第 10 页。

③ 《孟子·滕文公上》载:"方里而井,井九百亩,其中为公田。八家皆私百亩,同养公田。公事毕,然后敢治私事。"文见焦循:《孟子正义》,《诸子集成》(第 1 册),中华书局,1954 年,第 213 页。

④ 记载赏赐臣若干家的西周金文有:令簋(《集成》4300)、耳尊(《集成》6007)、令鼎(《集成》2803)、麦尊(《集成》6015)等等。

今天城市中的社区和农村中村一级的行政区划。

从文献上看,已经是中央集权的汉帝国中,这种地域性、最底层的居民组织是"里"。在居延汉简的卒名籍中,每一个戍卒、田卒或河渠卒的籍贯都标明郡国名、县名和里名,如:

戍卒赵国邯郸邑中阳陵里士伍赵安世年三十五　　《合校》①50.15
戍卒魏郡邺万岁里大夫孙梓年廿四　　《新简》②EPT51.497
田卒济阴郡定陶西阳里胡定年廿五　　《合校》520.3
河渠卒河东皮氏毋忧里公乘杜建年廿五　　《合校》140.15

第一条在"邯郸"之后特别注明"邑中",应该是指"阳陵里"位于城中,可见汉代的"里"已经遍布城乡,构成了一张严密的以地区划分的居民组织网。

近年来,由于里耶秦简的发现,③可以得知秦代也已经有了按"里"来区划居民的行政措施。里耶秦简系秦洞庭郡迁陵县的公文书,所以简文中很多都不书郡县名,而迳称某里,例如:

南里户人大女子分　　　　　　　　　　8－237
阳里户人大夫刀　　　　　　　　　8－834+8－1609
成里户人司寇宜　　　　　　　　　　8－1027
[禀]人忠出贷阳里士五(伍)过　　　　　8－2233

在各国大都已经实行郡县制的战国时代,也存在有作为基层地域组织的"里",比如齐国陶文中有:

王卒陈南左里　　　　　　　　　　《陶汇》④3·508
丘齐辛匋左里　　　　　　　　　　《陶汇》3·619
丘齐平里　　　　　　　　　　《陶录》⑤2·409·1

① 谢桂华、李均明、朱国炤:《居延汉简释文合校》(简称《合校》),文物出版社,1987年。
② 甘肃省文物考古研究所、甘肃省博物馆、中国文物研究所、中国社会科学院历史研究所:《居延新简(上)甲渠候官》(简称《新简》),中华书局,1994年。
③ a.湖南省文物考古研究所:《里耶秦简》(壹),文物出版社,2012年。b.陈伟:《里耶秦简牍校释》第1卷,武汉大学出版社,2012年。
④ 高明:《古陶文汇编》(简称《陶汇》),中华书局,1990年。
⑤ 王恩田:《陶文图录》(简称《陶录》),齐鲁书社,2006年。

另外,战国楚简中也有"里":

登命尹之里　　　　　　　　　　　　　　　《包山》①92
下蔡山阳里　　　　　　　　　　　　　　　《包山》121
安陆之下隋里人屈犬　　　　　　　　　　　《包山》62
平阳之枸里人文逽　　　　　　　　　　　　《包山》97

　　成书于东周时期的传世文献中也有关于"里"的记载,这些都能说明东周时代,"里"作为基层地域组织是确实存在的,例如:

　　《诗·郑风·将仲子》:"将仲子兮,无逾我里,无折我树杞。"②
　　《左传·襄公十六年》:"宋人或得玉,献诸子罕……子罕置诸其里,使玉人为之攻之,富而后使复其所。"③
　　《左传·昭公三年》:"初,景公欲更晏子之宅……辞曰:'君之先臣容焉,臣不足以嗣之,于臣侈矣。且小人近市,朝夕得所求,小人之利也,敢烦里旅?'……及晏子如晋,公更其宅。反,则成矣。既拜,乃毁之,而为里室,皆如其旧,则使宅人反之。"④
　　《国语·鲁语上》:"若罪也,则请纳禄与车服而违署,唯里人之所命次。"⑤
　　《礼记·杂记下》:"夫若无族矣,则前后家,东西家。无有,则里尹主之。"⑥
　　《周礼·地官·载师》:"以廛里任国中之地,以场圃任园地,以宅田、士田、贾田任近郊之地……"⑦
　　《庄子·庚桑楚》:"里人有病,里人问之,病者能言其病。"⑧
　　《墨子·尚同上》:"是故里长者,里之仁人也,里长发政里之百姓。"⑨

① 湖北荆沙铁路考古队:《包山楚简》(简称《包山》),文物出版社,1991年。
② 程俊英:《诗经译注》,上海古籍出版社,2004年,第118页。
③ 杨伯峻:《春秋左传注》,中华书局,2009年,第1024页。
④ 杨伯峻:《春秋左传注》,第1237—1238页。
⑤ 上海师范大学古籍整理研究所校点:《国语》,上海古籍出版社,1998年,第171页。
⑥ 阮元校刻:《十三经注疏》,中华书局,1980年,第1566页。
⑦ 孙诒让撰,王文锦、陈玉霞点校:《周礼正义》,中华书局,1987年,第938页。
⑧ 王先谦:《庄子集解》,《诸子集成》(第3册),中华书局,1954年,第148页。
⑨ 孙诒让:《墨子间诂》,《诸子集成》(第4册),中华书局,1954年,第45页。

子曰:"里仁为美。择不处仁,焉得知。"①讲的是和仁者居住在同一个里中是一件好事。由此可见,至少在孔子生活的时代,里作为居民组织就已经确实存在了,而且当时的人们还可以自由选择自己的住处。稍晚的文献《韩非子·说林下》有讲:"有与悍者邻,欲卖宅而避之。"②也是说明当时人们在很大程度上可以自由选择自己住宅的位置,可见并不是聚族而居。③

但是上溯到更早的西周时代,关于"里"的记载就很少了,只是在《尚书》《诗经》《逸周书》和金文中有零星而且片断的文字。因此,前人学者虽然都是在对西周时的"里"进行研究,而得出的观点却各有不同。

较早发表观点的刘兴唐对西周金文和考古发掘资料几无涉及,所以只认识到了历史文献记载中的"里"是古代人民在都市中的萃居之所,④而对"里"的地域性特征及出现时间等问题都没有论及。之后学者对"里"的研究逐渐深入,出现了以下几种不同的看法。

第一种观点认为"里"和居民组织完全没有关联。

提出这个观点的是沈长云和李秀亮,他们认为:"西周时期的'里'本指一块由国家控制的较大面积的土地,而非指居民的基层地域组织或行政单位。"⑤该看法立论独特,但其论证都难以成立。首先该文认为西周时期,社会的基本细胞是大量以血缘关系为纽带的各种宗族组织,倘若设立"里"之地域组织来统一管辖全国的土地与居民,作为当时居民基本社会组织的宗族便无处安放。事实上,上文已经提到,"里"作为基层地域组织和宗族不是同一个层面的概念,地域性基层居民组织和血缘家族是完全可以同时并存的。沈文还认为《说文解字》有其分部的原则,每部所收汉字的性质当大体近似,而"里"字和"野"字在同一个部类中,所以"里"和"野"含义相近,指一片土地,和民居无关。⑥ 其实,许慎所分各部类汉字肯定不是依据性质相同的原则。以木部字为例:"桂",江南木,百药之长,指的是桂树;"柞",木也,指的是柞木;这两者说的是不同种类的树木。而"楹",柱也;"杵",舂杵也;这两字则指用木材做出的不同物品。⑦ 这四个字虽都与木有关,但绝对谈不上性质相同。再者,许慎自己就认为:"里,居也。""野,郊外也。"意义

---

① 阮元校刻:《十三经注疏》,中华书局,1980年,第2471页。
② 王先慎:《韩非子集解》,《诸子集成》(第5册),中华书局,1954年,第140页。
③ 陈絜:《竹简所见楚国居民里居形态初探》,《徐州工程学院学报(社会科学版)》2013年第2期。
④ 刘兴唐:《里庐考》,《食货》第三卷第十二期,1936年5月。
⑤ 沈长云、李秀亮:《西周时期"里"的性质》,《历史研究》2011年第4期。
⑥ 沈长云、李秀亮:《西周时期"里"的性质》,《历史研究》2011年第4期。
⑦ 许慎:《说文解字》,中华书局,1963年,第115—122页。

判然有别。若从"里"和"野"字的造字本义上来看:"里"字,从田从土,是指经过开垦、有田地的地方,而"野"字,其古文的写法是从林从土,作**形,指的是未经开垦、还有树林的地方。从开垦出田地的地方引申为有人居住的地方是很自然的,根本不能和野混为一谈。

至于沈文中提到的西周的"里君"比东周以后的"里长"(或称之为里正、里宰、里典)地位高出许多,则是因为自西周至东周,里的设置数量逐渐增多,并且进一步向基层化扩展,里宰的地位自然也随之下降。此外,沈文认为西周时期直接涉及"里"字的铜器铭文有九年卫鼎、大簋和召卣三件,然而江苏丹徒出土的宜侯夨簋中就有"易在宜王人□又七里"的铭文,虽然最后一个字残泐,但从残留字形来看有可能就是"里"字,①对于这段铭文中的"里",如果解释为一片空地显然是不合理的。

第二种观点肯定"里"是地域性居民组织。

李宗侗(字玄伯)在其所著《中国古代社会新研》一书中曾论及中国古代的地域性组织。② 他一方面认为西周金文和文献记载中的"里"是地域组织,另一方面还指出这种地域组织至少始于周初。

第三种观点肯定"里"是地域性居民组织,但认为里君及里中居民的身份等级不高,或者认为里只存在于乡村地区。

徐中舒认为:"《酒诰》的百姓和里君,前者是氏族长,是按氏族血缘编制的;后者是里长,是按地域编制的。"③其观点基本上道出了里作为基层地域组织的内涵,但他随后又讲道:"在奴隶制王国中,是有百姓和万民(王人)两种身份不同的人。管理百姓的有氏族长(这里仍然称百姓),管理万民的是里君。"也就是说只有庶民阶层才按地域编制、接受里君的统辖管理。

郭豫才的观点是:"里君是一里之长,里是地域的基层行政单位,聚居着庶族贵族以及工商和庶人等,形成以庶众为中心的农村公社。"④

裘锡圭认为:"在春秋以前,乡里一般是统治种族居住的城邑内及其近郊的地域组织……"⑤裘先生认为里是地域组织是可信的,但是他同时认

---

① 裘锡圭:《关于商代的宗族组织与贵族和平民两个阶级的初步研究》,《文史》第 17 辑,1983 年;后收入氏著《古代文史研究新探》,江苏古籍出版社,1992 年,第 342 页。裘锡圭认为此字上部两侧之笔颇长,且有明显弯度,而西周前期金文"生"字两侧斜笔大都既直又短,与此截然有别。
② 李宗侗:《中国古代社会新研　历史的剖面》,中华书局,2010 年,第 135 页。
③ 徐中舒:《论西周是封建制社会——兼论殷代社会性质》,《历史研究》1957 年第 7 期。
④ 郭豫才:《试论西周的公社问题》,《河南师大学报》(社会科学版)1983 年第 1 期。
⑤ 裘锡圭:《关于商代的宗族组织与贵族和平民两个阶级的初步研究》,《文史》第 17 辑,1983 年,后收入氏著:《古代文史研究新探》,第 316 页。

为:"《周礼·地官》里宰为下士。里君之职当与里宰相近,其地位正与《春秋》所谓'王人'相当。"①就是认为里君的地位不高。

李修松说:"从二十五家的居民组织来说,里、社、书社实为一回事……在周代,里社(里或社或书社)是普遍的社会基层组织。"②

李峰对西周金文中的里与里君进行了一番梳理,认识到里是一级地方行政单位,但他同时认为在铭文中"里"主要存在于乡村地区。③

第四种观点肯定"里"是地域性居民组织,但认为里是西周时期才出现的。

持此观点的主要是朱凤瀚,他对先秦时代的"里"做了非常详细的论述,认为里是一种地域组织的名称,初现于西周时期,是用来安置殷遗民的。④

田昌五、臧知非肯定了里带有行政规划的色彩,里君也应该具有较高的身份地位,但同朱凤瀚一样认为里是西周才有的制度,而且只在国中实行。⑤

第五种观点认为"里"是血缘性居民组织。

杜正胜在其所著《周代城邦》一书中,将里界定为"国人合族聚居的共同体行政系统",依靠的是氏族血缘联系,并认为里君与百姓的含义近同,是被统治者的氏族代表。⑥ 这一观点将里的概念近乎等同于血缘家族,忽视了里的地域性特征。

陈絜的看法与杜正胜近似,同样认为周代基层社会中里和族是交织重叠在一起的,"以宗族首领兼任里君……一族一里,一里一族,里即为族,族即为里,二者并无抵触"。⑦ 此外,陈絜对周代农村基层聚落也有非常深入的研究,他指出由于西周时代的农民属于被统治的阶层,西周农村聚落内部原本的血缘性社会基础会因为统治阶层之间的争端而发生改变,⑧这个观

① 裘锡圭:《关于商代的宗族组织与贵族和平民两个阶级的初步研究》,《文史》第17辑,1983年,后收入氏著《古代文史研究新探》,第330页。
② 李修松:《周代里社初论》,《安徽师范大学学报(哲学社会科学版)》1986年第1期。
③ 李峰著,吴敏娜、胡晓军、徐景昭、侯昱文译:《西周的政体——中国早期的官僚制度和国家》,生活·读书·新知三联书店,2010年,第181—184页。
④ 朱凤瀚:《先秦时代的"里"——关于先秦基层地域组织之发展》,中国先秦史学会秘书处编:《先秦史研究》,云南民族出版社,1987年。
⑤ 田昌五、臧知非:《周秦社会结构研究》,西北大学出版社,1996年,第55页。
⑥ 杜正胜:《周代城邦》,(台湾)联经出版事业股份有限公司,1979年,第37—40页。
⑦ 陈絜:《血族组织地缘化和地缘组织血族化——关于周代基层组织与基层社会的几点看法》,《社会科学战线》2009年第1期。
⑧ 陈絜:《周代农村基层聚落初探》,朱凤瀚主编:《新出金文与西周历史》,上海古籍出版社,2011年,第106—167页。

点对研究西周地域性基层组织很有启发意义。

第六种观点认为里等同于采邑。

持该观点的主要是林甘泉,他认为"里是西周基层的地域单位。令彝、史颂簋和《尚书·酒诰》的里君,就是里的采邑主"。① 他同样肯定了里作为西周基层地域组织的内涵,但是用采邑主来解释里君是不合适的,里的设置是一种行政规划的行为,是由里君来统辖、管理居于里中的各色人群的。采邑则不同,采邑是"因官因事而得到的田邑",②采邑和里的性质并不相同,因此也就不能将里理解为里君的采邑。

因此,从秦汉时代明确作为地域性基层居民组织的"里",在追溯到西周时出现了如此分歧的见解,而这些不同见解又主要从传世文献立论,或引用了出土文献,但对考古资料引用不多,而引用考古资料时又多有误解。西周时期是中华文明从血缘社会向地缘社会过渡的重要阶段,对这一时期地域组织的研究有助于加深对地缘社会形成过程的认识。因此,在传世文献和出土文献先天不足的现实情况下,本书拟通过较全面地整理和分析考古资料来探索解决该分歧的新途径。当然,要想从考古发现的角度探索当时居民组织情况,最直接且最理想的研究材料理应是聚落遗存,然而目前大规模完整揭露的西周居住遗址很少,已经发掘的西周遗址,大都只见有数量众多的灰坑遗迹,和居住形态直接相关的房址却保留很少。另外,与墓中的随葬品相比,遗址中出土的遗物也缺乏能够直接判断人群身份与族属的标识物。所以,目前情况下比较适合使用规模较大的西周墓地的材料来间接地分析与之相应的人群组织构成状况。本书即以西周王朝疆域范围内的墓地资料为主,同时兼顾居址及其他遗存的考古发现(这其中尤其以周原遗址的建筑基址群和铜器窖藏最为重要),并综合历史文献和出土文献两方面的材料,对西周社会基层地域组织的渊源与形成、实现方式与功能、发展与演变等问题进行讨论。

---

① 林甘泉:《对西周土地关系的几点新认识——读岐山董家村出土铜器铭文》,《文物》1976
年第 5 期。

② 吕文郁:《周代的采邑制度》,社会科学文献出版社,2006 年,前言第 5 页。

第一章　西周时代丰镐地区基层地域组织研究

《诗·大雅·文王有声》：

> 文王有声，遹骏有声。遹求厥宁，遹观厥成。文王烝哉！
> 文王受命，有此武功。既伐于崇，作邑于丰。文王烝哉！
> 筑城伊淢，作丰伊匹。匪棘其欲，遹追来孝。王后烝哉！
> 王公伊濯，维丰之垣。四方攸同，王后维翰。王后烝哉！
> 丰水东注，维禹之绩。四方攸同，皇王维辟。皇王烝哉！
> 镐京辟雍，自西自东，自南自北，无思不服。皇王烝哉！
> 考卜维王，宅是镐京。维龟正之，武王成之。武王烝哉！
> 丰水有芑，武王岂不仕？诒厥孙谋，以燕翼子。武王烝哉！①

这首诗作于西周时期，分别记述了文王建都于丰和武王建都于镐之事。《史记·周本纪》也写道："（西伯昌）伐崇侯虎。而作丰邑，自岐下而徙都丰。"②所以，丰邑和镐京是西周初期周人修建的都城，根据后世的考古调查和发掘，可知丰镐位于今陕西省西安市西南的沣河两岸，③整个西周时期，这里都是周王朝政治、经济和文化的中心。因此，丰镐地区是我们研究西周基层地域组织时首先要关注的地区。

第一节　"族坟墓"辨疑

对于考古发现的夏商周时代的墓地，学界习惯以"族坟墓"来进行解

---

① 程俊英：《诗经译注》，上海古籍出版社，2004年，第433—435页。
② 司马迁：《史记·周本纪》，中华书局，1982年，第118页。
③ 胡谦盈：《丰镐考古工作三十年（1951—1981）的回顾》，《文物》1982年第10期。

读,①其传世文献方面的证据大都征引自《周礼》,例如《周礼·地官·大司徒》:"以本俗六安万民:一曰媺宫室,二曰族坟墓,三曰联兄弟……"②由此而认为西周时的埋葬制度是按照亲族关系来规划墓地的聚族而葬,即族坟墓。继而由族坟墓的埋葬制度推定当时人生前为聚族而居、合族而动。

然而《周礼》一书的可信度自古以来就备受质疑,《周礼》最初名为《周官》,系汉初河间献王从民间献书所得。刘歆以为《周礼》乃周公治周所建制度之实录,此后中国封建时代的学者大多信从此说。但此说一开始就遭到与刘歆同时的今文学家的竭力攻击,到了东汉,又有林孝存、何休等人竭力否定其为周公之书。③ 目前,学界关于《周礼》成书年代最具影响的说法是作于战国时期。④ 所以,根据《周礼》的记载来研究西周乃至殷商时期埋葬制度时,理应持审慎态度。

而且《周礼》中关于古代居民丧葬制度的记载与今天考古发现的实际情形有很大出入,例如《周礼·冢人》:"冢人掌公墓之地,辨其兆域而为之图,先王之葬居中,以昭穆为左右。凡诸侯居左右以前,卿大夫居后,各以其族。凡死于兵者,不入兆域。凡有功者居前。以爵等为丘封之度与其树数……"⑤这里讲述的是所谓"公墓"制度,在"公墓"中不光埋葬有先王,还有诸侯和卿大夫也葬在一起,此外对坟丘的大小、墓上树木的多少也都有规定。这种"公墓"制度首先与晚商时代的考古发现就不相符,因为商王在安阳殷墟有自己单独的王陵区,没有和其他贵族埋葬在一起。其次,西周时代这种丧葬制度应该也不会存在,尽管西周时周天子的墓葬目前尚未发现,但若依"公墓"之制,则西周王陵的规模势必非常庞大,这恐怕在现实当中也是实现不了的。西周时代诸侯国君的墓地目前已经发现了很多处,例如上村岭虢国墓地、北赵晋侯墓地、琉璃河燕国墓地以及平顶山应国墓地等等,这些诸侯国君皆有自己独立的墓地,并没有按照《周礼》的要求和周天子葬在一处。此外,目前已知北赵晋侯墓地中只葬有历代晋侯及其夫人,晋国其他人则另有墓地安葬,所以,作为西周重要封国之一的晋国并未实施"公墓"制度。至于说卿大夫的墓,张家坡西周墓地埋葬的井叔显然是西周时的卿大夫,但是

① 中国社会科学院考古研究所安阳工作队:《1969—1977年殷墟西区墓葬发掘报告》,《考古学报》1979年第1期。
② 孙诒让撰,王文锦、陈玉霞点校:《周礼正义》,第748页。
③ 杨天宇:《周礼译注》,上海古籍出版社,2004年,第10页。
④ 持此观点的人有汉儒张禹、包咸,明儒季本,清儒崔述、皮锡瑞,近代学者钱穆、郭沫若、顾颉刚、范文澜等,详见彭林:《周礼主体思想与成书年代研究》第一章第二节,中国社会科学出版社,1991年。
⑤ 孙诒让撰,王文锦、陈玉霞点校:《周礼正义》,第1694—1697页。

在张家坡同样也没有发现周天子的墓。

《周易·系辞下传》记载："古之葬者,厚衣之以薪,葬之中野,不封不树……"①有学者提出由目前考古发现可知:西周时期尚未出现较高大且确切的冢墓,即使有一些残迹,也只能说明"封土"的规模较小。河南固始侯古堆一号墓,是中原地区最早出现的、最确切无疑的封土大墓,②该墓的年代为春秋末至战国初年。③ 因此在墓上修建封土的做法是东周以来才开始流行的,所以"以爵等为丘封之度与其树数"也不是西周时代的实情,这进一步说明《冢人》文本的成书年代不会早至西周。

到了东周时期,周王室衰微,诸侯国实力日渐强大,各诸侯国国君当然也不和周王葬在一起,他们都葬在各自封国之中。近年在洛阳发现了很有可能是周平王的大墓,④在其周边尚未发现有诸侯国君的墓葬,所以东周时期周天子也还是和当时的诸侯国君分开埋葬的。总之《周礼·冢人》记载的"公墓"制度与商周各个时期的考古发现都不相符合,所以不应该单纯使用《冢人》的记载来解释商周时期的墓地发现。

《周礼》中关于丧葬制度的另一处记载是《周礼·墓大夫》:"墓大夫掌凡邦墓之地域,为之图,令国民族葬,而掌其禁令,正其位,掌其度数,使皆有私地域。"⑤这段话往往被学者用来证明考古发现的先秦时期墓地是聚族而葬的宗族墓地。然而,这也往往使研究进入误区。以丰镐地区西周墓地研究为例,张礼艳博士论文使用《周礼·春官·墓大夫》记载的"邦墓"来解释丰镐地区的西周墓地,其文认为沣西能划分出三个墓区,每个墓区从墓葬主要特征上看,属于不同的人群,分别与周人、羌人、殷遗民有关,他们共同埋葬在沣西大原村、张家坡一带的高岗之上,区与区之间有一定间隔(沣西 A区与 B 区交叉在一起应该是墓地不断扩展的结果),正是邦墓中国民实行族葬的真实写照。⑥ 事实上,从本章下一节的分析可以看出,仅就张家坡北区墓地(1983—1986)一处所葬人群就分别与周人、羌人和殷遗民有关,张文所划分的沣西 A 区并非只有周人井叔宗族一族聚葬。《周礼》所谓"邦墓"制度是无法反映西周时代的真实情况的。因此我们在研究中应该摆脱《周礼》

① 周振甫译注:《周易译注》,中华书局,1991 年,第 257 页。
② 林留根:《论中国墓葬封土之源流》,《东南文化》1996 年第 4 期。
③ 固始侯古堆一号墓发掘组:《河南固始侯古堆一号墓发掘简报》,《文物》1981 年第 1 期。
④ 洛阳市文物工作队:《洛阳体育场路东周墓发掘简报》,《文物》2011 年第 5 期。简报介绍的 C1M10122 为带 4 个墓道的"亚"字形大墓,时代为春秋初期,墓中出土有周王器物,证明其很有可能是周平王之墓。
⑤ 孙诒让撰,王文锦、陈玉霞点校:《周礼正义》,第 1705—1706 页。
⑥ 张礼艳:《丰镐地区西周墓葬研究》,社会科学文献出版社,2015 年,第 264 页。

"族坟墓"概念的误导,如实分析夏商周三代墓地考古的实际情况,才能真正复原先秦时代的历史真实面貌。

张礼艳继而认为:"邦墓"实际上可以看作是超越了血缘纽带的地缘性墓地,其与居住形式反映的情况是一致的。沣西地区的西周"邦墓"所代表的社会组织也正相当于居住形式的"里",都是超越血缘的地域性组织,不同族群的人分族而葬之后又聚在一处,具有地缘意义。① 这样的分析是有道理的,其观点已经考虑到像丰镐地区这样的都城所在,人群的来源很复杂,故而提出"邦墓"实际上可以看作是超越了血缘纽带的地缘性墓地。而仅就张家坡北区(1983—1986)一处墓地而言,就是一块包含有若干个族群的地缘性墓地,其中所葬周人、羌人和殷遗民之间的差别甚至已经超越了宗族层面。所以像在丰镐这样的都城之中,纯粹意义上的聚族而居、聚族而葬恐怕难以实现。

其实,关于地缘在墓地安排过程中发挥越来越重要的作用,在大概也是战国时的文献中是有所反映的,《逸周书·大聚》:

> 以国为邑,以邑为乡,以乡为闾,灾祸相恤,资丧比服。五户为伍,以首为长;十夫为什,以年为长。合闾立教,以威为长。合旅同亲,以敬为长。饮食相约,兴弹相庸。耦耕□耘,男女有婚,坟墓相连,民乃有亲。六畜有群,室屋既完,民乃归之。②

《大聚》篇乃是托周公之口讲述如何招徕人民并使之繁衍生息。上引这段文句说的是如何建立和完善乡里基层组织,其中"闾"和"里"含义近同,都是地缘性基层居民组织,"男女有婚"说明同里之人可以互通婚姻,《左传·僖公二十三年》有言:"男女同姓,其生不蕃。"③又《国语·晋语四》:"同姓不婚,恶不殖也。"④所以周代同姓之人一般互不通婚,由此可见一里之中应当居住有姓氏不同的宗族。"坟墓相连"则是说居住在同一个基层组织,也就是同一个里中的人,死后也要埋葬在一起。因为一里之中居住着不同宗族的人,所以由此而形成的墓地就应该是一处地域性墓地。

综合而言,《周礼》包含太多理想化的成分,书中的观点只能是《周礼》作者的个人观点,在没有考古发现的实物证据作支撑的情况下,过多地相信

① 张礼艳:《丰镐地区西周墓葬研究》,社会科学文献出版社,2015 年,第 266 页。

② 黄怀信、张懋镕、田旭东撰,黄怀信修订,李学勤审定:《逸周书汇校集注》,上海古籍出版社,2007 年,第 396—399 页。

③ 杨伯峻:《春秋左传注》,中华书局,2009 年,第 408 页。

④ 上海师范大学古籍整理研究所校点:《国语》,上海古籍出版社,1998 年,第 349 页。

《周礼》的记载只会把研究者带入误区,进而过分相信夏商周时代的居民都是生则"聚族而居",死则"聚族而葬"。上引《逸周书·大聚》中地域性墓地的记载为我们分析夏商周时期墓地开辟了另一种思路,并且得到了相关考古发现的证实。从这种墓地反映出的地域性特征可以推断墓主人生前居住的情况,他们应该不是由同一父系血缘人群构建的一处居住区。因此针对考古发现的夏商周时代墓地都不宜贸然地以血缘宗族墓地论之。

第二节　张家坡西周墓地分析

张家坡西周墓地墓葬数量多,延续时间长,其1983—1986年间的发掘资料有系统的发掘报告刊布,非常适合进行墓地分析。

该墓地位于陕西省长安县沣河西岸马王镇西约500米处,[1]马王镇一带正是西周丰邑遗址所在,张家坡墓地属于丰邑遗址的范围之内(图一),中国社会科学院考古研究所自20世纪50年代起就在这一地区进行考古发掘,根据钻探资料显示,在由张家坡村迤西直至大原村的高地上共有西周墓葬

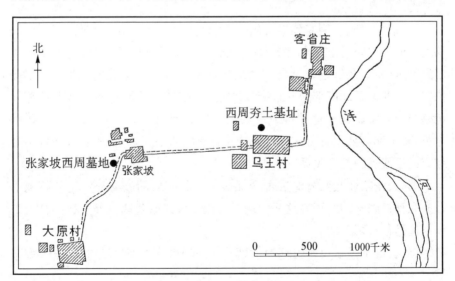

图一　张家坡西周墓地位置图

(根据中国社会科学院考古研究所沣西发掘队:《1976—1978年长安沣西发掘简报》图一改绘,《考古》1981年第1期)

---

① 中国社会科学院考古研究所:《张家坡西周墓地》,中国大百科全书出版社,1999年,第1页。下文有关张家坡西周墓地的资料,如不特别注明,皆征引自该书。

1500 多座。1983—1986 年,在这里发掘了 390 座西周墓葬、车马坑和马坑,其中包括四座带墓道的大型墓葬和 21 座洞室墓,该墓地的年代从周初武、成、康时期一直延续至西周晚年宣、幽时期。

张家坡墓地(1983—1986)发掘报告的结语中这样写道"井叔家族墓地在张家坡村西,它包括一座双墓道大墓、三座单墓道大墓和若干较大的竖穴墓和马坑、车马坑等",整个墓地则是"由井叔家族及等而下之的若干家族分茔而葬的一个或若干个公族墓地"。其中"公族"一词多见于东周文献,例如《诗·魏风·汾沮洳》:"美如玉,殊异乎公族。"毛传:"公族,公属。"郑笺:"公族,主君同姓昭穆也。"① 所以"公族"其实就是由历代国君的后代所组成的一个阶层。西周金文例如中觯(《集成》6514)、师酉簋(《集成》4288)、牧簋(《集成》4343)、番生簋盖(《集成》4326)、晋侯苏钟(《新收》878)等皆有"公族"一词,西周时代诸侯推周王为天下共主,所以将西周王朝的公族解释为历代周王之后裔所组成的亲属集团应该是可行的。西周井氏据徐中舒考证为周公之后,姬姓。② 所以井叔理应属于西周公族,那么张家坡西周墓地发掘报告的结语称整个墓地为"由井叔家族及等而下之的若干家族分茔而葬的一个或若干个公族墓地",则是说这里是一处姬姓的宗族墓地。

朱凤瀚在其《商周家族形态研究(增订本)》一书中,对沣西张家坡西周墓地(1983—1986)北区墓地共 272 座墓葬及车马坑进行了分析,书中虽然已经发现"缺乏足够的根据将整个北区墓地视为同一家族的墓地",③但其依旧认为北区墓地南部为井叔家族墓地,④同时"亦不能排除北区北部墓地诸墓组与井叔家族墓地共构成一块大宗族墓地的可能"。⑤ 所以依朱凤瀚之见,整个北区墓地有可能都是姬姓井叔家族的宗族墓地,所葬人群皆与井叔有或近或远的血缘关系。

那么,张家坡北区墓地是否全部属于井叔家族的族墓地?这片墓地的性质究竟是怎样的?解答这些问题对于探究张家坡墓地所葬人群的社会组织结构是很有帮助的。

首先,位于张家坡西周墓地(1983—1986)北区墓地南部的六座大型墓

---

① 阮元校刻:《十三经注疏》,中华书局,1980 年,第 357 页。
② 徐中舒:《禹鼎的年代及其相关问题》,《考古学报》1959 年第 3 期。
③ 朱凤瀚:《商周家族形态研究(增订本)》,第 634 页。
④ "家族"的概念内涵与"宗族"相比要小,一个家族内部仅是包括几代人,而宗族内部涵盖的代数更多、范围也更广。单就某一个家族似乎无法形成一处墓地,所以埋葬在张家坡的井叔宗族成员形成的应该是井叔宗族墓地,而非井叔家族墓地。
⑤ 朱凤瀚:《商周家族形态研究(增订本)》,第 657 页。

葬：M157（双墓道）、M152、M168、M170（以上三座为单墓道）、M163、M165（以上两座无墓道），由于墓葬规格很高，在空间上又相互靠近，且 M163、M165、M152、M170 皆出土有井叔作器，包括上述几座大墓及其周边诸座并穴墓的墓地南部区域应当为井叔宗族墓地无疑。所以，问题的重点就在于井叔宗族墓地范围究竟有多大。朱凤瀚将墓地南部绝大部分墓葬都划归为井叔宗族墓地，然后在分期的基础上进一步将其分为东、南、西、北四个墓组。这样一来，四座带墓道的井叔宗族大墓就被划分在三个不同的墓组之中，M157 在西组、M152 在南组、M168 和 M170 在东组。东组自第一期至第四期，每期都有墓葬分布，M168 和 M170 出现在第三期；南组自第二期至第五期皆有墓葬分布，M152 同样在第三期出现。张家坡墓地发掘报告和朱凤瀚先认为四座带墓道大墓的墓主人是先后相继的三到四代井叔，那么他们之间应该是父子相承或是兄终弟及的血亲关系，如果把他们的墓作为三个支系，划归到三个墓组中，那么每一组墓组当中应该不存在井叔大墓之前几期的墓葬。

虽然张家坡西周墓地的发掘报告和朱凤瀚认为北区墓地是一处姬姓宗族墓地，但是在此之前就已经有学者在这处墓地中发现了不同族属的人群。曾参加过张家坡墓地发掘工作的梁星彭就该墓地发现的一批洞室墓的渊源和族属问题撰文进行过探讨，认为张家坡洞室墓与刘家村、碾子坡洞室墓无论在墓葬形制还是在随葬器物陈放方式等方面都基本相同，在年代顺序上前后相继，而且彼此空间距离很近，所以张家坡洞室墓直接源自刘家村、碾子坡洞室墓。埋葬习俗能够反映出与族属相关的重要信息，洞室墓的修建方式与竖穴墓差异明显，是先挖长方形竖穴墓道，然后在墓道底部一侧掏挖洞室，其葬具绝大多数只用一棺，个别使用重棺，但都不使用木椁，以洞室充当椁室的作用。随葬陶器组合也与竖穴墓不同，洞室墓只以一或两种器类随葬，组合中不使用陶簋和陶盂，陶豆也很少使用，这与竖穴墓的陶器组合形式差别很大。而且北区墓地的这 20 座洞室墓（分别是 M106、M107、M109、M111、M112、M113、M114、M115、M120、M136、M141、M172、M215、M258、M273、M275、M282、M283、M284、M285）较多地集中于墓地东部，还有南北纵向排列的迹象，所以这批洞室墓的墓主人与墓地其他竖穴墓墓主人在族属上是有所不同的，其族属自应与它的前身刘家村洞室墓一样，属于古代羌族的某一支系。[①] 羌为姜姓，因此，前文所述两家认为张家坡西周墓地是姬姓宗族墓地的观点就不成立了。

---

① 梁星彭：《张家坡西周洞室墓渊源与族属探讨》，《考古》1996 年第 5 期。

　　观察这批洞室墓在北区墓地中的分布情况就会发现,他们和竖穴墓存在着犬牙交错的现象,两类墓葬之间没有一条确切的分界线,只是有其大致的茔域,随着时间的推移,墓葬越来越多,分布愈发密集,不同族属墓葬之间就形成了今天看到的互相交错的状况。张家坡墓地 1983—1986 年发掘区内共有 25 组西周墓葬打破关系,这也正说明了后代墓葬有时会无法严格按照事先规划的范围下葬。一般情况下,同一家族的墓葬之间不会发生打破关系,因为晚期墓在下葬时会有意避开已知的先人墓位,至于说井叔家族墓 M152 被后代的 M165 和车马坑 M153 打破是因为 M152 墓位过于歪斜,与其他井叔家族墓方向大异其趣,所以才会形成这种打破的状况。而像在张家坡北区墓地这种情形,同一片墓地中汇聚了不同族群的人,整个墓地又沿用了数百年的时间,墓葬分布势必不能严格划一。位于山西省南部的周代晋国曲村墓地同张家坡墓地一样,有大量的西周墓葬密集地分布。① 谢尧亭对曲村墓地进行过分析,他根据墓葬方向和随葬品特征区分出东向墓和北向墓两大族群(西向墓也代表一个族群,唯其墓葬数量较少),头向北的墓葬主人是周人,分封时来自周地。头向东的墓葬主人应是本地土著唐(晋)人,分封时为唐遗民。头向西的人属于殷遗民,分封时来自殷地。② 从其引用的墓葬分布图来看(图二),不同族群的墓葬同样呈现出犬牙交错的密集分布状态,与张家坡墓地的情形十分相似。由此说明在西周时期,倘若一个墓地中葬有不同族群的人,那么各族群之间往往只有其大致茔域,随着时间的推移,墓葬数目逐渐增多,就有可能会形成互相交错分布的情形。由此亦可看出,《周礼·墓大夫》所说的“墓大夫掌凡邦墓之地域,为之图,令国民族葬,而掌其禁令,正其位,掌其度数,使皆有私地域”,③ 只是《周礼》作者理想化的设想。严格按照《周礼》记载的“公墓”和“邦墓”,以目前夏商周时代的考古发现来看,是不可能存在的,所以有学者把“公墓”重新界定为国君或国君与族人共埋一处的墓地,而“邦墓”则是一般贵族与族人共同埋葬的墓地也未尝不可。④

　　张家坡北区墓地不仅存在洞室墓和竖穴墓的葬俗差别,竖穴墓内部也还存在不同的葬俗。

---

① 北京大学考古学系商周组、山西省考古研究所:《天马—曲村(1980—1989)》,科学出版社,2000 年,第 283 页。
② 谢尧亭:《晋国早期人群来源和结构考察》,吉林大学边疆考古研究所:《新果集——庆祝林沄先生七十华诞论文集》,科学出版社,2009 年。
③ 孙诒让撰,王文锦、陈玉霞点校:《周礼正义》,第 1705—1706 页。
④ 井中伟、王立新:《夏商周考古学》,科学出版社,2013 年,第 279 页。

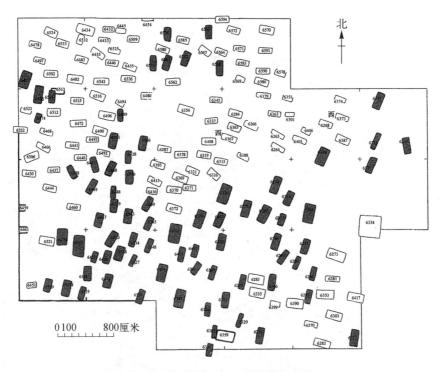

图二　曲村墓地 J3、J4 区墓葬分布图

（采自谢尧亭：《晋国早期人群来源和结构考察》,吉林大学边疆考古研究所：《新果集——庆祝林
沄先生七十华诞论文集》第 353 页,图八,科学出版社,2009 年）

　　张家坡北区墓地的竖穴墓以南北向为主,同时有少量东西向墓葬,包括
M158、166、167、173、225、243、268、279、294、298、318、321、322、325、326、
335、339、347、363、368、370、384、385、390、392、396 共 26 座墓（M108 从墓地
平面图上看似为东西向墓,但是墓葬登记表显示其方向为 26°,应为偏东北
向墓葬）。这 26 座墓主要分布于墓地北部及西部,多为中小型墓葬,等级不
高。从墓地平面图上可以看出这类墓葬往往两座成对出现,在墓位上呈东
西并穴的形式,例如 M368 和 M370,M318 和 M363,M390 和 M392,M384 和
M385,M298 和 M294,M325 和 M322,M166 和 M167 等（图三）。在上述 7 对
墓葬中 M368 墓向 70°,而与之成对出现的 M370 墓向为 248°,两者墓向相
对（即两座墓葬的墓主人头向相对）。与之相同情形的还有：M390 墓向
为 61°而 M392 墓向为 244°,M384 墓向 74°而 M385 墓向 252°,M325 墓向
67°而 M322 墓向 210°,最后 M166 墓向 55°而 M167 墓向 238°。除了这 5
对之外,M298 与 M294 墓向几乎一致,而 M318 与 M363 中 M318 的墓向
在墓葬统计表中显示为 179°,这与墓地平面图上该墓的方向明显不符,因
此未予考虑。

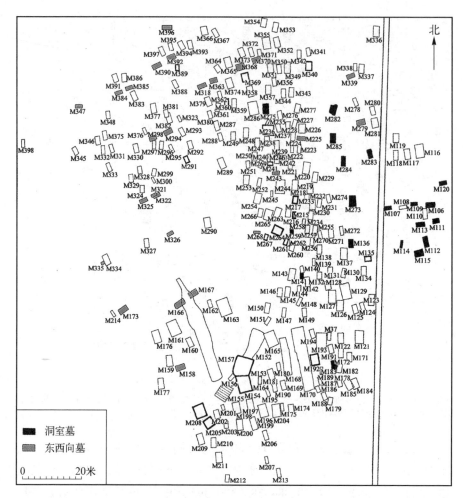

图三　张家坡北区墓地(1983—1986)平面图

(根据中国社会科学院考古研究所:《张家坡西周墓地》图 3 改绘,中国大百科全书出版社,1999 年)

　　然后再从墓葬分期的角度对这 7 对墓葬进行分析(墓地分期与年代判断采用的是《张家坡西周墓地》中的研究成果),其中 M390 属第二期,与之成对出现的 M392 也是属于第二期,同样的 M384 与 M385 同为第二期,M166 与 M167 同为第一期。除了这 3 对之外,M368 与 M370 组中 M368 期别无法判断,M325 与 M322 组中 M325 期别无法判断,墓向几乎一致的 M294 和 M298 组中,M294 属第一期,而 M298 为第二期墓葬,两者的下葬年代相去不远。唯一例外的同样是在墓向上存在问题的 M318 和 M363 这一对,其中 M318 属第一期,而 M363 属第五期。

　　接着再从墓葬形制的角度分析,依据张礼艳博士论文中的统计,1983—1986 年张家坡发掘北区的这 26 座东西向墓中有 12 座挖建腰坑,比例接近

50%,而在该发掘区内总共发现有 26 座墓葬挖建腰坑,其中 12 座为东西向,比例也接近 50%,这个比值说明东西向墓与腰坑葬俗的相关性很大。[①]在墓底挖建腰坑是商代人流行的埋葬习俗,[②]这为探究东西向墓葬主人的族属问题提供了重要的线索。

此前,张礼艳博士论文中划分出的沣西 C 区(范围是张家坡村东北、张家坡村东、张家坡村东南、张家坡村南一带)的人群主体被证明是西周时期生活在丰镐地区的殷遗民,证据有:沣西 C 区流行在墓底挖建腰坑并殉狗,流行殉人,随葬铜容器种类重酒器,存在一定数量的俯身葬,墓向多东西向,流行车马坑,不流行随葬车马器和车子部件,不流行随葬青铜工具与武器等。[③] 而张家坡北区墓地的这 26 座东西向墓葬表现出的很多特征皆与沣西 C 区十分接近。而且,上述这种东西向墓葬两两成对的现象在张礼艳划分的沣西 C 区中也同样存在。沣西 C 区发表的墓葬资料比较零散,只有《沣西发掘报告》[④]和《1967 年长安张家坡西周墓葬的发掘》[⑤]中刊布有墓地的平面分布图。在《沣西发掘报告》报道的西周墓葬材料中:

M186 和 M173 成对分布,M186 无法分期、墓向 94°,M173 报告划归第 1 期、墓向 278°,两者墓向相对。

M188 和 M147 成对分布,前者属第 4 期、墓向 93°,后者属第 5 期、墓向 274°,两者墓向相对。

M160 和 M161 成对分布,前者属第 1 期、墓向 83°,后者同样属于第 1 期、墓向 265°,两者墓向相对。

M460 和 M450 成对分布,前者属第 2 期、墓向 93°,后者属第 3 期、墓向 264°,两者墓向相对。

M413 和 M406 成对分布,前者属于第 4 期、墓向 101°,后者期别无法判断、墓向 278°,两者墓向相对。

M438 和 M402 成对分布,前者属第 1 期、墓向 85°,后者属第 2 期、墓向 273°,两者墓向相对。

M301 和 M302 成对分布,前者属第 2 期、墓向 101°,后者属第 1 期、墓向 282°,两者墓向相对。

①　张礼艳:《丰镐地区西周墓葬研究》,第 182 页。
②　邵向平:《商系墓葬研究》,科学出版社,2011 年,第 69 页。
③　张礼艳:《丰镐地区西周墓葬研究》,第 211 页。
④　中国科学院考古研究所:《沣西发掘报告》,文物出版社,1963 年。
⑤　中国社会科学院考古研究所沣西发掘队:《1967 年长安张家坡西周墓葬的发掘》,《考古学报》1980 年第 4 期。

在《1967年长安张家坡西周墓葬的发掘》公布的材料中:

M80和M82成对分布,发掘简报将这两座墓都划归第2期,其中M80墓向57°,M82墓向253°,两者墓向相对。

M69和M67也是成对分布,前者属第3期、墓向97°,后者属第2期、墓向289°,两者墓向相对。

上述总共9组墓葬皆为两两东西并列分布,可判明墓葬期别者其年代相差都不远,且墓主头向相对,这和张家坡北区墓地成对出现的东西向墓葬情形基本一致。

还有就是在张家坡墓地的这26座东西向墓出土随葬器物中有很多晚商文化因素(图四),例如M166随葬青铜酒器爵和觯,而不随葬青铜食器,爵、觯一类的青铜酒器是晚商时期常见的陪葬器物,①同墓地的其他南北向墓葬,如果有青铜容器随葬,则是以鼎、簋之类的食器为主,该墓随葬的陶尊也和晚商殷墟出土的同类器物形制近似,同为东西向墓的M294也出土了一件形制类似的陶尊。M243、326、363皆随葬晚商式分裆陶鬲,M173、321、322、370、384、385、392随葬的A型Ⅰ式和Ⅱ式陶簋也是承继晚商陶簋制作

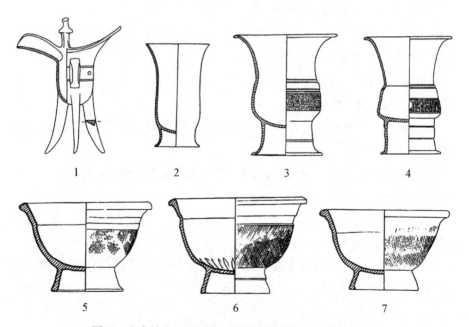

图四 张家坡北区墓地东西向墓出土殷商风格器物举例

1. 铜爵M166:1 2. 铜觯M166:2 3~4. 陶尊M294:3、M166:3 5~7. 陶簋M385:5、M322:3、M384:5

---

① 郜向平:《商系墓葬研究》,第161页。

风格而来的。所以这类东西向墓葬的墓主人和商人有很大的渊源关系，很有可能就是西周时代的殷遗民。该类墓葬在张家坡北区墓地中数量较少、规格普遍偏低，其墓主人显然不是张家坡北区墓地的主体人群，这也与西周时殷人作为前朝遗民的社会地位相匹配。在这 26 座东西向墓中能鉴定墓主人性别的只有 5 座，结果皆为男性，所以张家坡北区墓地发现的晚商文化因素不会仅仅是异族联姻的结果。

此外，上文已经论述过同一宗族墓地中很少会有墓葬间存在打破关系，而井叔宗族大墓 M157 同时打破了一对东西向墓葬 M166、M167，这表明以 M166、M167 为代表的这一类东西向墓葬不属于井叔宗族。

同时还应说明，张家坡西周墓地的殷遗民墓葬并非皆为东西向，一些南北向竖穴墓其墓主人也可能是殷遗民。例如 M398，墓向 175°，墓底挖有腰坑，葬式为俯身直肢，在填土中殉狗一只，其随葬品中的分裆陶鬲为承袭晚商制作风格而来。而俯身葬则是在殷代男性墓中比较流行，[1]填土中殉狗的现象在殷墟西区墓地也十分常见，[2]所以 M398 墓主人很有可能也是殷遗民。

上述两类葬俗独特的墓葬在族属上都与西周主体周人不同，但是，在受到身边周人主流文化的影响之下，我们所能看到的都只是其本族葬俗特征的孑遗，而且在其他很多方面都已经和主体周人墓葬没有差别了。例如东西向墓中年代较早者，葬俗与晚商殷人最为接近，之后随着其慢慢融入周人主流社会中，与殷人墓葬的差别也越来越明显。而洞室墓在随葬器物方面基本上已经被周人同化，只是在器物组合的选择上存在不同，而最重要的是在墓葬形制上还保留有洞室这一特征。然而越到后期，洞室特征就越不明显，例如第四期墓 M275，其洞室挖得很浅，进深只有 0.5 米，根本容不下葬具，所以在墓道西侧底部与洞室底部挖平，以放置棺木，像这样浅的洞室已经起不到洞室应有的作用，与早期洞室墓的形制反差较大。

除了羌人和殷遗民墓之外，张家坡北区墓地其余墓葬很多也都不属于井叔家族。在该墓地出土的全部铭文铜器中有明确的井叔作器，分别出自 M152、M163、M165 和 M170 之中，这四座墓都是井叔家族的大型墓葬，围绕着这几座大墓而聚集分布者显然也属于井叔家族。除此之外，北区墓地还

---

① 郜向平：《商系墓葬研究》，第 111 页。
② 中国社会科学院考古研究所安阳工作队：《1969—1977 年殷墟西区墓葬发掘报告》，《考古学报》1979 年第 1 期。

有大量的墓葬在空间分布上并不与上述井叔家族墓葬聚合,这些墓葬是无法确知属于井叔家族的。所以,本书在朱凤瀚对张家坡北区墓地运用分期演示的方法进行分析的基础之上,综合考虑埋葬习俗(主要是上文提到的墓葬形制、随葬品特征等方面)和墓葬空间分布等因素,暂将张家坡北区墓地区分出至少四个墓组,同样是由于墓地遭到严重盗扰,这样的分组无疑是粗疏的。以下是四个墓组的基本情况:

A 组,以东西向土坑竖穴墓为主,大部分位于墓地的西、北部,常见东西两墓并穴分布,墓室面积普遍不太大,有的随葬青铜礼器,墓主人地位属中小贵族和平民。从墓葬形制及随葬品特征推断,A 组墓主族属以殷遗民为主。

B 组,以洞室墓为主要特征,大部分位于墓地东部,墓室面积有较大者,随葬有青铜礼器和兵器,墓主身份地位同样为中小贵族及平民阶层,前文已经根据墓葬形制和随葬品组合等方面的特征表明该组墓主人族属以姜姓戎人为主。

C 组,位于墓地南部,皆为南北向长方形土坑竖穴墓,其中又以西北—东南方向为主,墓葬规格为张家坡北区墓地最高,墓主人属于周人高等级贵族井叔家族。该家族西周早期即已存在于张家坡墓地,当时墓葬规格并不十分突出,大约在西周中晚期达到社会地位的顶峰,这一时期在该墓组出现了带墓道的大型墓葬,而且西周中期的几件铜器铭文中也记载了井叔担任王朝重要官职,说明这时的井叔拥有较高的政治地位,[1]从而在其墓葬规格上得以体现。在此之后,C 组墓主地位有所下降,直至张家坡北区墓地结束使用,再也没有带墓道的大墓出现。

D 组,南北向长方形土坑竖穴墓为主,[2]大部分位于墓地中、北部,葬俗与 C 组近同,惟墓向多见正南北或西北—东南向,墓主人同样也是周人,并且和 C 组的井叔家族关系密切,但尚无证据表明 D 组和 C 组同属一个家族。由于张家坡墓地严重被盗,未发现能表明 D 组墓主家族归属的直接证据。但墓向上的差异和南北空间上的分隔似乎说明 C、D 两墓组不属于同一血缘家族。该组拥有除了井叔家族带墓道大墓以外规格最高的墓葬,说明墓主社会地位不低。

E 组,南北向长方形土坑竖穴墓,分布空间和 A 组存在很大范围上的重

---

① 朱凤瀚:《商周家族形态研究(增订本)》,第 652 页。朱凤瀚将井叔家族墓葬细致划分为四个墓组,本文从整个墓地的角度考量,暂将这四座带墓道的大墓及其周边聚集的葬俗特征接近的中小墓葬划归为同一墓组。

② 朱凤瀚依照墓葬空间分布的情况同样是将南北向的长方形土坑竖穴墓分为南北两组。

合,即位于墓地的西、北部。墓向与 C 组近似,多为西北—东南方向,但是在空间上与 C 组存在明显分割,两组墓群之间有一块面积很大的空白地带,在其中只零星分布着几座墓葬。而且该组以中小型墓葬为主,在墓葬规格上普遍低于 C 组。从埋葬习俗的角度判断,该组墓主人同样也是周人。从墓地分布情况来看,E 组的墓主人又很难断定属于井叔家族。再从墓葬规格的角度来看,该组墓主的社会地位与 D 组相当,属于在张家坡北区墓地中仅次于井叔家族的周人贵族。

需要说明的是,整个张家坡北区墓地历时三百余年最终形成的结果是诸多墓组犬牙交错地分布在一起,各个墓组的分布区域是可以存在部分相交,甚至重合的,各墓组之间也没有发现界沟之类的分隔标志。

上文对张家坡北区墓地进行分组研究的结果表明:至少有五类人群埋葬在这同一片墓地之中。朱凤瀚曾运用分期演示的方法对张家坡北区墓地进行过细致的分析,①从中又可以从历时性的角度观察本文划分出的五组人群在墓地中兴衰演变的整个过程。

首先是墓地第一期,A 组有 M151、166、167、294、322 共五座墓葬;B 组有 M136、285 两座墓;C 组有 M178、187 两座墓;D 组有 M123、142、234、257 四座墓葬;E 组有 M364、382 两座墓。由于墓地被严重盗扰,青铜、玉器等能标示墓主人身份的随葬品所剩无几,仅从墓室面积的角度来看,A 组的 M166、167,B 组的 M285,D 组的 M123 都是这一时期规格较高的墓葬。尤其是 M166 和 M285,墓中皆随葬成组合的青铜礼器和兵器,其墓主身份虽为当时的异族,但社会地位并不低。

墓地第二期,属于 A 组的墓葬有 M156、173、279、298、321、370、384、385、390、392 共十座;B 组有 M113、114、141、183、215、283、284 七座墓;C 组有 M169、175、190、197、198、200、203 七座墓;D 组有 M37、131、137、143、145、147、149、171、233、256、260 十一座墓;E 组有 M376、395 两座墓。这一时期 C 组的 M197、198 和 D 组的 M131、137、143 从墓室面积上看属于最高规格的大墓,B 组的 M183 墓室面积虽然不算太大,但是随葬鼎、瓿、簋、爵等青铜礼器,其中三件铜器还带有铭文。另外,墓中还随葬有相当于两辆车的车马器,以及多种玉器、漆器。墓主人为男性,其社会地位显然也不低。

第一、二两期属于井叔家族的 C 组在墓葬等级方面并不是特别突出,其余四组都存在规格相当甚至个别高于井叔家族的墓葬。

墓地第三期,A 组有 M158、347、396 共三座墓;B 组有 M106、107、109、

---

① 　朱凤瀚:《商周家族形态研究(增订本)》,第 635—639 页。

111、112 五座墓;C 组有 M121、152、157、163、168、170、180、181、211、212 十座墓;D 组有 M139、140、144、148、150、239、245、246、247、251、259、271、338 十三座墓;E 组有 M327、352、371、391 四座墓。这一时期 C 组井叔家族出现带墓道的超大型墓葬,说明该家族的社会地位在这一时期获得了极大地提升。其余四组墓葬规格并没有随着井叔家族社会地位的提高而发生改变,依旧与此前墓葬规格基本保持一致。

第四期,明确属于这一时期的 A 组墓葬仅 M326 一座;B 组也只有 M115 和 M275 两座;C 组有 M129、160、161、165、174、176、193、204、206、207 十座墓;D 组有 M134、216、221、222、224、227、232、240、248、249、250、252、253、261、349、353、359 共十七座墓;E 组有 M228、276、288、293、358、379、380、381 八座墓。这一时期虽然 C 组不再有带墓道的超大型墓葬,但井叔家族依然拥有墓室面积明显超出其余四组的高规格墓葬,说明井叔家族社会地位较前一时段稍有降低。其余四组墓葬规格无明显变化。

在整个张家坡北区墓地,墓葬之间互相打破的现象是比较少见的,由此可知墓上应该原本存在标志物,方便墓主的后人前来祭拜以及后世挖建新墓时避开前人的墓葬。但在第三、四期出现了 C 组井叔家族中字形大墓 M157 的墓道打破 A 组墓葬 M166、167,井叔家族内部 M165、马坑 M153 打破甲字形大墓 M152,以及 M153 打破马坑 M154 的现象。这说明原本留给井叔家族的兆域范围没那么大,不足以安置如此高规格的墓葬,因而发生了空间不足以至于打破的现象,这也说明了井叔家族在这一期获得较高社会地位的突然性。

第五期,A 组仅有 M363、243 两座墓;B 组有 M120、273、282 三座墓;C 组也只有 M126、127 两座墓(这两座墓已经位于 C 组墓区的北部边缘、而且墓向也十分接近正南北向,所以不排除属于 D 组的可能);D 组有 M218、269、360 三座墓;E 组有 M328、331、341、342、343、344、346、355、357、366、367、374、375、386、393、397 共计十六座墓。这一时期的井叔家族可能是迁走或者没落了,D 组墓葬数量也同样明显减少,说明 D 组周人和井叔家族之间关系比较密切。A、B 两组作为西周时代的异族,其墓葬数量一直不多,在四、五期也有所减少。反而在西周早中期墓葬数量不多的 E 组一直保持着增加的趋势,在张家坡北区墓地的最后时段,其墓葬数量达到了顶峰。

另外,由于墓地被盗等原因造成众多墓葬无法分期,这些不明期别但是能根据空间位置和葬俗划分出墓组的墓葬有:A 组的 M318、325、335、339、368、398;C 组的 M124、125、128、159、162、177、184、185、186、188、191、194、195、196、199、201、202、209、210、213;D 组的 M122、130、132、146、172、179、

182、183、220、223、226、229、230、231、235、238、244、245、255、258、263、265、266、277、336、337、354;E 组的 M237、286、287、289、290、292、295、300、323、324、329、330、332、333、334、345、348、350、356、362、365、372、373、377、383、388、394。

纵观张家坡北区墓地五个期段的变化,无论 C 组井叔家族墓葬规格提升或降低、数量增加或减少,除了 D 组周人以外的其余三组墓葬都没有明显地随之发生相应的变化。这也能说明他们和井叔家族的关系比较疏远,可能并不属于同一个血缘家族,也不存在共荣共存、休戚与共的关系。

在对张家坡北区墓地进行分组研究时,还遇到一些无法归入上述五个墓组的特殊墓例,如第一期的 M117,第二期的 M296,第五期的 M164、299,以及不明期别的 M108、116、118、119、214、225、268、270、272、274、278、280、281、297 等。这些墓葬从墓位的角度来看,分布十分零散,无法归入上述五个墓组。对其具体情况进行拟测,大致可分为两种:一是墓主人原本属于五个墓组中的某一个,但是由于某种原因而未能葬入该墓组的兆域之内。另一种情况则是墓主人不属于上述五个墓组中的任何一组,之所以能够葬入张家坡北区墓地,原因可以有很多,例如嫁入、归附或者单纯就是人员流动迁徙,从别的居住地迁到这里。所以,在张家坡北区墓地废弃之前,整个墓地的墓葬分布情况错综复杂,这有可能就是终西周一代人员流动愈加频繁、血缘纽带进一步被打破后出现的局面。

综上所述,张家坡北区墓地中葬有像井叔家族这样的高等级姬姓周人贵族(C 组),和在西周中期以后身份地位明显低于井叔家族的周人中小贵族及平民(D、E 组),此外还有异族中小贵族,这其中包括来自西方的姜姓羌人(B 组)和来自东方的殷人遗民(A 组)。那么,埋葬在张家坡北区墓地中的 E 组周人中小贵族、B 组姜姓羌人和 A 组殷遗民会不会是井叔家族的家臣呢? 其实上文对墓地进行历时性分析时就已经涉及这个问题了,在张家坡北区墓地第一期的墓葬中,A 组东西向殷遗民墓葬和 B 组洞室墓就已经出现了,东西向墓以 M166 为例,该墓墓室面积为 3.45 米×1.65 米,葬具为一棺一椁,随葬有青铜爵、觯、戈、镞、陶鬲、尊,此外还有贝和漆豆。B 组洞室墓的 M136 墓道开口为 2.6 米×1.5 米,葬具为一具长方形箱状木棺,随葬有铜鬲、陶鬲、陶瓿和漆器,以及蛤壳、贝等;洞室墓 M285 墓道开口为 3.15 米×2 米,一棺,随葬青铜器有鼎、簋、车马器戈、矛、泡,此外还有陶鬲、玉饰、蛤壳、蚌饰和贝,其中铜簋上还带有铭文,这说明东西向墓葬和洞室墓早在井叔家族带墓道的大墓出现之前就已经开始分布于张家坡北区墓地了。而且,这两类墓葬中规格较高者,其墓葬等级与同时期的 C、D 组南北向竖穴墓相差不大,假如这些南北向竖穴墓中安葬有西周早期井叔家族的成员,那么,上述两类西周异族贵族与最初葬于张家坡北区墓地的井叔家族成员的身份等级相差并不悬殊,也不是随着井叔家族大墓的出现才开始葬于张家坡北区墓地的,因此也就不存在一方为另一方家臣的可能性。再者就是到了墓地的最晚阶段——第五期,C 组井叔家族已经迁走或者没落了,但其余各墓组都还有数量不等的墓葬埋入(尤其是 E 组,其墓葬数量更是在这一时期达到了最高值),仅从墓室面积的角度来看,其中也不乏规格较高者,如 B 组的 M273、282,D 组的 M218,E 组的 M355、374 等,这 5 座墓葬与可能属于井叔家族的第五期墓葬 M126、127 在墓室面积上所差无几,这也再次否定了 A、B、D、E 诸组墓葬主人是井叔家臣的可能。

　　而分布于井叔家族大墓附近,却又与带墓道的大墓规格相差十分悬殊的墓葬中,则不排除葬有井叔家臣的可能。这些墓葬墓室狭小,其墓主人应该与井叔没有血缘关系,但作为贵族家族的土田附庸,本着生相近、死相迫的原则葬入井叔家族所在的墓组。

　　张家坡北区墓地中的各类人群之所以共同埋葬于此,其原因显然不是血缘纽带的关系,而应该是这些人群生前居住地域相近,很有可能就是共同居住在沣京中的某一个区域内,处在同一个社会组织当中,所以共用一块墓地。从这个角度上来说,张家坡北区墓地是一处与某个居民区相对应的公共墓地。

　　这个居民区从兴起之初就带有地缘性的特征,因为该居民区内的各族人群都是随着沣京的建立而从别处迁入的,这其中的井叔家族依朱凤瀚分析,[①]是从畿内井氏之宗子井伯所领属宗族内分离出来自立宗氏的;殷遗民家族大部分是随着周人历次东征而从殷商故地被动地迁徙来的;姜戎部族是作为周人的盟友一并从西方迁徙来的。可以说,张家坡北区墓地对应的居民区就是由移民形成的。在此之后,人员的迁入与迁出似乎也并未停止。在这种移民性聚落的居民管理体系中,血缘纽带是首要的,同时也极易产生地缘性的管理组织。

　　上文所引《逸周书·大聚》提到居住在同一个"间"中的人"坟墓相连",说的就是居住在同一个基层组织中的人,死后也要埋葬在一起。张家坡北区墓地显示出其墓主人生前居住形态的特征,跟文献记载中西周时代的里非常接近,其性质不会是井叔氏的宗族墓地,而有可能是西周都城丰邑之中某个地域性基层居民组织的聚葬之地。

---

　　①　朱凤瀚:《商周家族形态研究(增订本)》,第 651 页。

第三节　从丰镐地区墓地看西周的"里"

张家坡墓地是目前为止丰镐地区发掘的规模最大、资料公布最为丰富的一处西周时期墓地,通过上文的分析可知,在张家坡北区墓地中葬有像井叔家族这样高等级的姬姓周人贵族,和身份地位明显低于井叔家族的周人中小贵族及平民,此外还有异族中小贵族,这其中包括来自西方的姜姓羌人和来自东方的殷人遗民。由此可见,因为西周时代已经进入国家阶段,在国家政治因素作用之下,作为当时都城的丰镐地区,各类人群汇集于斯,使其内部人员的构成变得十分复杂。在这种情形之下,周人统治者一方面继续利用血缘纽带来维系统治,另一方面势必会存在超血缘的地域性基层居民组织。如果不施行地域性居民组织,那么国家就很难对各族属民进行有效的统治。朱凤瀚根据馘簋铭文"唯王正月,辰才(在)甲午,王曰:馘,命女(汝)司成周里人眔诸侯大亚,讯讼罚,取遇五孚(锊),易(赐)女(汝)尸(夷)臣十家,用事。馘拜颔首,对扬王休命,用乍(作)宝簋,其子子孙孙宝用"(图五,2),而设想"里"最早出现于成周,其创立目的是用来安置殷遗民的。① 这种观点显然有失偏颇,作为巩固统治的有效工具,地域性基层组织在包括宗周在内的任何需要的地方都可得以设立,而不会仅仅局限于成周。而且馘簋的制作年代为西周晚期,亦无法证实"里"是西周初年专为殷遗民而创立的,②只能说明在成周也设有里。

既然成周这样的大都邑中设有"里",那么,本书绪论中提到的有学者认为"里"主要设置于乡村地区或者直接将"里"界定为"农村公社"的观点显然是站不住脚的。

从西周金文的相关记载来看,当时的"里"也并非仅见于成周。西周早期宜侯夨簋记王赐宜侯夨"在宜王人□又七里。易(赐)奠七白(伯)……"(图五,3),所以"宜"这个地方是存在里的。又西周晚期的史颂鼎铭文:"王在宗周,令史颂省苏,𪡈友里君、百生(姓)帅(率)偶敄于成周,休又(有)成事……"(图五,1)有学者认为苏是周畿内国名,地望在今河南温县。③ 史颂

① 朱凤瀚:《先秦时代的"里"——关于先秦基层地域组织之发展》,中国先秦史学会秘书处编:《先秦史研究》,云南民族出版社,1987年。
② 陈絜:《血族组织地缘化和地缘组织血族化——关于周代基层组织与基层社会的几点看法》,《社会科学战线》2009年第1期。
③ 陈佩芬:《上海博物馆新收集的西周青铜器》,《文物》1981年第9期。

1. 史颂鼎 (《集成》2787)

2. 龖簋 (《集成》4215)

3. 宜侯夨簋 (《集成》4320)

图五　相关西周金文举例

鼎铭文是说周王命令史颂去苏地视察,而"苏"这个地方的官员有里君和百姓,由此说明苏地也设有里。因此,完全有理由推想"里"这种基层地域组织在西周时期已经比较普遍了,可以将西周王畿内和各诸侯国的各族属民都统辖在这种超血缘的居民组织之中,从而巩固西周政权。

　　除了族属的差别之外,张家坡北区墓地的考古发现还给我们一个启示:同一墓地之中埋葬有不同身份等级的人群。既有像井叔这样的高等级贵族,以井叔家族大墓 M157 为例,这是一座带有两条墓道的中字形大墓,双墓道总长达 35.35 米,墓道中和墓室椁盖上几乎摆满了拆开的车辆,达 30 个车轮、12 个车箱之多,此外还出土有大量的车马部件,其墓主人生前身份等级之高可见一斑。该墓地也有不带墓道的中型墓葬,墓中随葬有青铜礼器和玉器,其墓主人身份应该也是贵族阶层,只是其等级低于井叔家族。最后,该墓地也还有数量众多的墓坑面积不过 3—5 平方米的简单竖穴墓,只随葬一组陶器或加上一件戈,其墓主人显然属于平民阶层。由墓葬情况来推衍其生前居住情形,与张家坡北区墓地相对应的地域性居民组织中的居民,其身份等级也是高低有别的。

西周时期,同一个地域性基层居民组织是不按身份高低来区划成员的,这在同时期的历史文献中也有记载。《诗·大雅·韩奕》:"韩侯取妻,汾王之甥,蹶父之子。韩侯迎止,于蹶之里。"①这首诗作于西周时代,下文称这位新娘为"韩姞",可见蹶父应该是姞姓贵族。而按照郑玄的说法,"汾王"指的是周厉王,蹶父应该是娶了周厉王的姊妹,新娘才能是周厉王之甥,足见蹶父身份地位不低。所以像蹶父这样的高等级异姓贵族也是居住在里中的,这和张家坡北区墓地反映出的情况正可互相印证。这种情形一直延续到后世,在本书绪论部分所引《左传·襄公十六年》和《襄公三十年》的记载,就说明春秋时的子罕、丰卷这样的大贵族也同样居住在里中。井叔家族墓葬(C 组)是张家坡北区墓地规模最大、等级最高的墓组,其墓主的身份无疑也是墓地里最高的。所以井叔家族是其所居住的里的代表,西周时代的里应该是以某个贵族家族为主导的,只不过同一个里中的居民未必都属于该贵族家族。

所以,之前有学者认为里只是用来安置庶民阶层的,里君的地位也相应的不会很高的观点是不合实际的。例如徐中舒认为:"在奴隶制王国中,是有百姓和万民(王人)两种身份不同的人。管理百姓的有氏族长(这里仍然称百姓),管理万民的是里君。"②也就是说只有庶民阶层才按地域编制、接受里君的统辖管理,这种对"里"的认识是存在偏差的。李修松认为周代的里、社、书社实为一回事,里的规模不大。③ 他所引用的关于"社"和"书社"的文献,例如《左传·昭公二十五年》《荀子·仲尼》《吕氏春秋·高义》《史记·孔子世家》等都成书于东周或秦汉时代,在西周时期,里的规格比较高,

①　程俊英:《诗经译注》,上海古籍出版社,2004 年,第 495 页。
②　徐中舒:《论西周是封建制社会——兼论殷代社会性质》,《历史研究》1957 年第 7 期。
③　李修松:《周代里社初论》,《安徽师大学报(哲学社会科学版)》1986 年第 1 期。

它和社、书社并不是一回事。在西周初年的材料《尚书·酒诰》《逸周书·商誓》中"百姓"和"里君"并提,且"百姓"在前、"里君"在后,而到了西周晚期铜器史颂簋铭文中则是"里君"在前、"百姓"在后,由此可看出里君的社会地位本就不低,他和"百姓"一起构成了西周社会基层居民管理的两大支柱。而且自西周初年到西周晚期,随着基层居民管理中地缘化因素的增强,里君的地位还有逐渐提高的趋势。① 西周时的里发展到东周时,其规模又进一步发生了变化。对此已有学者指出:到了春秋时期,地方行政组织层次复杂,乡里地位降低了。即地方行政划分成几个等级,在西周时直属于国君的"里人""邑人"等变为基层官吏,乡里之间有了统辖隶属关系。②

张家坡北区墓地的实例还让我们对里的地域性特征有了更加清楚的认知,该墓地所葬周人、殷遗民和羌人已经是族属层面的差别了,其同族内部还可以包含不同的血缘家族,所以西周时一个地域性基层居民组织是跨若干血缘组织的。因此陈絜认为周代基层社会中里和族是交织重叠在一起的,"以宗族首领兼任里君……一族一里,一里一族,里即为族,族即为里,二者并无抵触",③就只能作为一个假想。矢令彝和史颂鼎等西周金文当中百姓和里君并称的现象说明里和族之间不是这么简单地一一对应的,百姓即百官族姓,是各大家族的族长,④里既然是地域性区划,则一里之中不必只存在一个家族。倘若一里对应一族,各族族长分别又是各里的里君,那么"里"的设立就完全没有意义,何必还要建立这样重叠的机构呢? 所以,里作为地域性居民组织是超越血缘关系的。

上文已经言及,探讨西周时代社会基层组织问题,比较适宜使用大规模的西周墓地材料来间接地分析与之相应的人群组织构成状况,同时联系历史文献和出土文献两方面的材料,对西周社会基层组织问题进行综合讨论。在进行墓地分析的时候,应该跳出"族坟墓"的框架,具体问题具体分析,对每处墓地的性质要考虑到多种可能性,之后才能对其有一个比较清楚的认识。就丰镐地区而言,作为西周王朝的都城,目前在该地区发现的最大规模的张家坡墓地被证明是一处地缘性墓地,而里是西周时代最具代表性的基层地域组织,所以,在丰镐地区应该已经设置有"里"这种基层地域组织。

---

① 吕全义:《两周基层地域性居民组织研究》,上海古籍出版社,2021 年,第 60 页。
② 田昌五、臧知非:《周秦社会结构研究》,西北大学出版社,1996 年,第 198—199 页。
③ 陈絜:《血族组织地缘化和地缘组织血族化——关于周代基层组织与基层社会的几点看法》,《社会科学战线》2009 年第 1 期。
④ 林沄:《"百姓"古义新解——兼论中国早期国家的社会基础》,《吉林大学社会科学学报》2005 年第 4 期。

近年发掘的陕西西安贾里村西周遗址东南距离西周都邑丰镐遗址约 20 公里,应该是属于王畿或附近地区,这里既有居址也有墓葬,该聚落规模较小,墓地一共清理了墓葬 30 座,年代从西周早期一直延续到西周晚期,均为小型竖穴土坑墓,墓室面积在 6 平方米以下,随葬品多为陶器,部分还有小件玉器及贝、蚌类串饰等,不见兵器。整个墓地的墓葬分布比较稀疏,仅有少数墓葬空间距离较近,墓主人之间可能存在亲缘关系。墓向大体可分为南北向和东西向,但偏角相差明显,且头向也不一致,其中东向墓最多,有 10 座,西向墓次之,为 9 座,北向墓 7 座,南向墓 4 座,总体上以东西向为主。因此,贾里村墓地不是经过统一规划和安排的单一家族墓地。

贾里村遗址的考古学文化面貌以周文化为主,同时墓地中还发现带腰坑的墓葬 6 座,在整个墓地占比约 20%。随葬陶器中,簋和豆带有明显商式特征,贾里遗址出土较多的矮领瓮也与殷墟文化遗址同类器相似。所以,贾里村西周遗址的居住者和墓地的入葬者所使用的物质遗存有较明显的晚商文化特征,发掘者据此认为贾里遗址并不是一个单纯的周文化遗址,而可能是西周王朝将这一小型的周人聚落作为安置殷商移民的居民点,[①]其中应该包含一定数量的殷遗民与周人共居于此,所以这类聚落虽然规模较小,但同样也具备地域性特征。

随着西周分封制的逐步确立,周人族群随之分布到了更广阔的领土中去,与当地各种原住民族群开始发生接触。之后随着周公二次东征的胜利,数量众多的殷遗民族群被迫从其原住地迁徙到了成周、周原、丰镐以及部分诸侯国等聚邑中,这便是西周时期基层地域组织逐渐发展壮大的主要历史背景。

---

① 陕西省考古研究院:《贾里村西周遗址》,文物出版社,2017 年。

第二章　西周时代成周地区基层地域组织研究

研究西周基层地域组织所要关注的第二处都邑是成周。成周是西周王朝的东都，它的营建有着非常深刻的历史背景，学界对此已有诸多论述，[①]现在前人研究的基础之上，先对营建成周的历史过程做一简要介绍：

《史记·周本纪》记载周武王"营周居于雒邑而后去"，[②]"营"字有规划之意。又何尊铭文中"佳王初迁宅于成周……佳武王既克大邑商，则廷告于天，曰余其宅兹中国，自之义民……"（《集成》6014），所说的"王"应该是周成王，而"宅兹中国"所指就是此前周武王规划的周居洛邑。武王死后，成王初立年幼，东方局势又开始不稳定，武庚禄父和管叔、蔡叔趁机发动叛乱。于是周公二次东征，平叛成功之后，为保证东土、南土的稳定，考虑到洛阳优越的地理位置，遂决定在东土洛邑营建新大邑，《逸周书·作洛》："（周公）及将致政，乃作大邑成周于土中。"[③]讲的就是这件事情。《史记·周本纪》："成王在丰，使召公复营洛邑，如武王之意。"[④]之后便是召公先周公去洛阳"相宅"，《尚书·召诰》："惟太保先周公相宅……太保朝至于洛，卜宅。"[⑤]周公复又相宅，自称"予乃胤保大相东土"，从而进一步确定了新邑的修建位置。

---

① a. 李民：《说洛邑、成周与王城》，《郑州大学学报（哲学社会科学版）》1982 年第 1 期。b. 陈公柔：《西周金文中的新邑、成周与王城》，《庆祝苏秉琦考古五十五年论文集》，文物出版社，1989 年。c. 梁云：《成周与王城考辨》，《考古与文物》2002 年第 5 期。d. 朱凤瀚：《〈召诰〉、〈洛诰〉、何尊与成周》，《历史研究》2006 年第 1 期。e. 徐昭峰：《成周与王城考略》，《考古》2007 年第 11 期。

② 司马迁：《史记》，中华书局，1982 年，第 129 页。"……复营洛邑，如武王之意"也能说明周武王先建有洛邑，之后周成王时又重新营建。

③ 黄怀信、张懋镕、田旭东撰，黄怀信修订，李学勤审定：《逸周书汇校集注（修订本）》，上海古籍出版社，2007 年，第 525 页。

④ 司马迁：《史记》，第 133 页。

⑤ 江灝、钱宗武译著，周秉钧审校：《今古文尚书全译（修订版）》，贵州人民出版社，2009 年，第 239 页。

　　成周建成之后，迁殷遗民于此。《尚书·多士》的序中写道："成周既成，迁殷顽民。"开篇即言："惟三月，周公初于新邑洛，用告商王士。"①"商王士"指的就是殷商遗民。周王朝鉴于三监叛乱，故而采取将殷商遗民从其原居地迁出的策略，集中迁至新建成的成周内，对其进行统一的管理。

　　关于成周的地望，叶万松等论证其在今洛阳市瀍河两岸。② 他们首先根据《逸周书·作洛篇》称成周"南系于洛水，北因于郏山"，即位于洛水之北，邙山之南；又根据《尚书·洛诰》"我乃卜涧水东、瀍水西，惟洛食；我又卜瀍水东，亦惟洛食"的记载推断成周很可能横跨瀍水两岸而建，其西可达涧水之滨。接着又通过历史地理方面的研究以及实地的考察，确定了今天的瀍河即是西周时的瀍水，今天的史家沟则是西周初年的涧水。史家沟涧水位于今洛阳老城西北，东距瀍河约4华里。在史家沟以东的瀍河两岸，西周遗存非常丰富，发现有北窑庞家沟西周贵族墓地，北窑西周铸铜遗址，西周时期的车马坑，大量西周时期殷遗民墓葬和一条南北走向的西周早期大道。总的来看，东起瀍河以东一公里的焦枝铁路西侧，西至史家沟以东，北起陇海线以北的铁路分局、北窑村，南达洛水之畔的洛阳老城南关，在这南北长四华里，东西宽六华里的范围内，是一处面积广大、内涵丰富的西周遗址。传世文献中有迁殷遗民于成周的记载，而在此处遗址中大量殷遗民墓葬的发现又恰好能证明这里就是西周时的成周。

　　叶万松诸先生对成周地望的推断是可信的，丰镐遗址和周原遗址都可以称得上是西周时代都邑级别的遗址，这两处都邑遗址的考古发现与洛阳瀍河两岸的考古发现在内涵上有很多相似之处，比如高等级的贵族墓葬和较大规模的铸铜作坊遗址。③ 因此，洛阳瀍河两岸的考古发现能够和成周的历史地位相匹配。西周金文小臣谜簋"伯懋父以殷八师征东夷"(《集成》4239)，说明伯懋父曾指挥过殷八师，殷八师又称成周八师，在洛阳北窑墓地出土的一件铜簋上有墨书的"伯懋父"三字，这似乎也反映出北窑墓地与西周时的成周之间存在密切联系。

　　在成周范围内经科学发掘并完整发表资料的西周遗址并不多，墓葬资料方面，除了北窑墓地有较大面积的发掘之外，其余都是零星的发掘，但是比遗址材料要丰富一些，所以在重點研究成周墓葬和遗址考古发现的同时，

① 江灏、钱宗武译著，周秉钧审校：《今古文尚书全译(修订版)》，第260页。
② 叶万松、张剑、李德方：《西周洛邑城址考》，《华夏考古》1991年第2期。
③ 在丰镐的张家坡西周墓地发现有带两条墓道的大墓，在周原的周公庙遗址发现有带四条墓道的西周大墓，还有周原的庄李铸铜作坊遗址，这些考古发现和洛阳瀍河两岸的北窑贵族墓地及铸铜遗址有相似的内涵。

还要综合传世文献和出土文献,共同分析居住于成周的各种人群的组织模式。

第一节　洛阳北窑西周墓地分析

　　成周范围内目前最重要的西周墓葬发现就是北窑贵族墓地,这处墓地背靠邙山,面对洛水,东临瀍水,西至孟洛公路,地势北高南低(图八,1)。在墓地的偏东部有一条庞家沟,由北向南穿过墓地,墓葬主要分布在庞家沟以西,沟东较少。已经发掘的西周墓有 348 座,其中有 2 座是带两条墓道的"中"字形大墓,另外还有西周马坑 7 座,已探出而未发掘的西周墓有123 座。①

　　首要关注的是北窑墓地的性质问题,对此前人学者有许多不同的论断。北窑墓地发掘报告的编写者认为"这批墓葬在埋葬之前是有规划和安排的,并设有专人进行管理",接着又引用《周礼·春官·冢人》云:"先王之葬居中,以昭穆为左右。凡诸侯居左右以前,卿大夫士居后,各以其族。凡死于兵者,不入兆域。凡有功者居前。以爵等为丘封之度与其树数。"从而得出结论:"看来以王室贵族为主的北窑西周墓地,应是按周礼制度而为,其性质应属冢人掌管的'公墓'。"②发掘报告的编写者认为北窑墓地是有规划和安排的,这一点基本可信,因为整个墓地有四百余座西周墓葬,却很少见到墓葬间互相打破的现象。但是认为这处墓地是《周礼》中记载的"公墓"却是没有什么道理的,因为北窑墓地的考古发现和《周礼·春官·冢人》的记载并不相符。首先,北窑墓地没有发现规模足以达到周王级别的墓葬,该墓地出土的铭文铜器中只有一件周王配偶王妊作器,而没有周王作器。该处墓地规格最高的墓葬仅为带两条墓道的"中"字形墓 M446 和 M451,这也并没有达到周天子的墓葬规格。其次,北窑墓地也没有明确的诸侯国君墓葬。有学者认为北窑墓地出土康伯壶盖的作器人康伯就是《史记·卫康叔世家》记载中"康叔卒,子康伯代立"的康伯,即卫国的第二代国君。③倘若这件康伯壶盖铭文中的康伯确是卫国国君,然而出土康伯壶盖的 M701 为一长方形土坑竖穴墓,无墓道,墓底长 4.9、宽 3.5、深 5.2 米,形制偏小,似与康伯地

---

① 洛阳市文物工作队:《洛阳北窑西周墓》,文物出版社,1999 年,第 1—5 页。
② 洛阳市文物工作队:《洛阳北窑西周墓》,第 367 页。
③ 蔡运章:《康伯壶盖跋》,《文物》1995 年第 11 期。

位不相称。而且，康伯既为卫国国君，很有可能是埋葬在河南浚县辛村的卫国墓地之中。除康伯之外，北窑墓地还出土有毛伯、丰伯和虢公①等人的作器，出土这些铭文铜器的墓葬规格同样偏小，不可能是这些人的墓。所以，最大的可能是这些人像卫国国君一样，分别埋葬在各自封国的墓地中，是故，北窑墓地也不用来安葬各诸侯国君。上文已经说过《周礼》记载的"公墓"制度掺杂了其作者太多理想化的成分，无法客观地反映西周时代的实际情况，因此，北窑墓地的性质不会是《周礼》记载中的"公墓"。

朱凤瀚在其所著《商周家族形态研究（增订本）》中也有对洛阳北窑西周墓地的探讨，他依据可以分期的墓葬分布对墓群的形成过程进行分析，将庞家沟西这片墓地大致分为三列墓群，认为这片墓地可能属于同一个较大的家族。②

北窑墓地其实并不适合拿来作墓葬历时性分布规律及分群的讨论，因为该墓地的中心是洛阳机制砖瓦厂，有大片土地为现代的砖瓦窑和砖瓦晾坯场以及该厂的机房、宿舍、水池所占而不能钻探发掘，已经探明的西周墓葬中也还有 123 座没有发掘，而整个墓地经正式发掘的西周墓葬总共只有 348 座，可以说这片墓地未能全面揭露，其发掘资料是很不充分的（图六）。再者北窑墓地历经多次盗掘，大量墓葬被盗一空。墓中随葬品，尤其是能够表明墓主人身份的带有铭文的铜器严重缺失。在这样的情况下，朱凤瀚认为这片墓地可能属于同一个较大的家族的三点论证都存有可商榷之处：

首先，不能仅凭"各墓组相互靠拢，共同组成一块相对独立的墓地"就认定各墓组属于同一个家族。共同埋葬在一块独立的墓地中不代表各个墓主人为同一个家族的成员，一处独立墓地的形成还可以有其他原因，北窑墓地未必只是某一个家族的墓地。

其次，朱凤瀚认为北窑墓地较多地随葬原始瓷器是该墓地的重要特点之一，进而认定这是同一家族在葬俗上的共同特征。细审北窑墓地发掘报告后可知，该墓地之所以出土原始瓷器占较大比例，其原因有二，一是在西

---

① 《洛阳北窑西周墓》第七章"墓葬分期与几点认识"中提到有虢公戈，其编号为 M314：6、13，然而细检附表四"洛阳北窑西周未分期墓登记表"可知，M314 被盗，墓中已无随葬品残留。又第七章还讲道该虢公戈与叔造尊同出一墓，如此则该戈应系出自西周早期墓 M347，只是《洛阳北窑西周墓》正文中未见此戈的铭文拓片。另外，蔡运章所撰《洛阳北窑西周墓青铜器铭文简论》（《文物》1996 年第 7 期）一文中曾提到这件戈，其在正文中称其为"□公戈"，编号 M374：13，而该文附表"洛阳北窑西周墓有铭青铜器统计表"则显示该戈的编号为 M347：13，当以附表为准。同时蔡文指出这件戈铭文左侧一字漫漶不清，右侧一字为"公"字，蔡运章根据左侧一字残留的笔划猜测此字为"虢"字。所以，北窑西周墓地是否出土虢公作器尚且存有疑虑。

② 朱凤瀚：《商周家族形态研究（增订本）》，第 619—626 页。

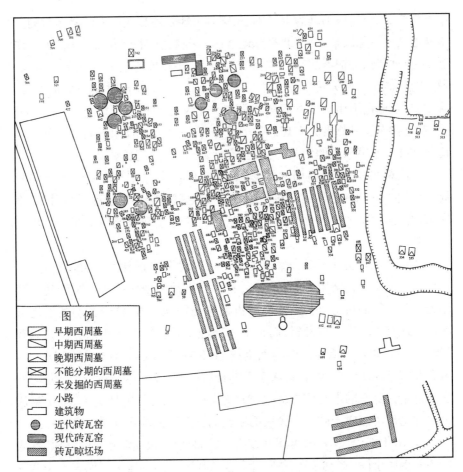

图六　洛阳北窑西周墓地墓葬分布图(局部)

(由洛阳市文物工作队:《洛阳北窑西周墓》图二改绘,文物出版社,1999 年)

周时代,原始瓷器多出土于较大型的墓葬中,使用原始瓷器随葬在西周高级贵族墓葬中比较流行,而北窑墓地的墓葬规格普遍偏高,根据发掘报告中的统计数据,墓的长度在 3 米以下的小墓只有 12 座,3~5 米的中型墓有 284座,5~7 米的大墓有 41 座,7 米以上的特大墓有 5 座。而且北窑墓地又是位于西周的东都成周,因此该墓地所葬大部分人员身份等级比较高,大量使用原始瓷器随葬是合乎情理的。第二个原因是与原始瓷器在墓葬中的摆放位置有关。在填土中随葬铜车马器和原始瓷器是北窑墓地普遍存在的现象,因为该墓地曾被严重盗掘过多次,大部分墓葬墓室内的随葬器物往往被洗劫一空,而填土中的原始瓷器则不易被盗墓者发现,所以才造成了原始瓷器在随葬品中占很大比例的情况出现。总之,在北窑墓地较多地发现原始瓷器是有其自身原因的,并不是某一家族的葬俗特征。

最后,朱凤瀚认为北窑墓地不同墓组在随葬陶器上也有共同的主要组合形式,即以单陶鬲,陶鬲、罐、单陶罐为主要组合形式,与张家坡西周墓地相比,这里很少用陶簋,所以也没有陶鬲、罐、簋的组合式样。事实上,因为张家坡西周墓地所葬人群的族属并不单一,除周人以外还有殷遗民和羌人,而西周早中期的殷遗民墓葬中很多都随葬有商式陶簋,所以在张家坡墓地存在有较多陶簋参与的陶器组合形式。而北窑墓地所埋葬人群的族属来源则比较单纯,这一点从该墓地反映出来的葬俗特征就能看出,整个墓地都是南北向土坑竖穴墓,带腰坑的墓葬只有 4 座。陶器组合也比较单一,该墓地的发掘报告指出以鬲、罐为主的陶器组合系源于先周墓葬,这说明北窑墓地的族属以周人为主。但是,也不能就此断定这里只葬有一个周人贵族宗族。总而言之,北窑墓地的材料不适合用来讨论家族墓地问题。

关于北窑西周墓地墓主人的身份,朱凤瀚认为是召公宗族内的一支小宗贵族。但是,北窑墓地目前已知有大小墓葬四百余座,这在考古发现的西周时期墓地中显然属于规模较大者,仅召公宗族内的一支小宗便能形成如此大规模的墓地实在令人生疑。再者,北窑墓地出土铭文铜器的作器人身份纷繁芜杂,既有太保、伯懋父、康伯、毛伯、丰伯、荣仲等多个周人贵族,周王配偶"王妊",此外还有殷遗民贵族,例如 M5 和 M17 都出土带有族氏铭文的青铜兵器,M418 随葬成对的青铜爵和觯,且其铭文中有日名"父癸""父己",M452 也出土有带日名"且庚"的铜簋,北窑墓地的采集品中有三件酒器(尊 1、爵 2)上带有日名"兄日癸""父庚"和"父乙",相对于周人而言,殷人有使用族徽和日名的传统,[①]上述这些现象说明北窑墓地中埋葬有殷遗民贵族。周灭商后,商人中那些能书写文字或掌握某项重要技能的人(例如金文中常见的"史")又为周人所用,改为周人贵族服务,这些人还能够使用青铜礼器随葬,说明其身份当属殷遗民中的贵族,他们死后完全有可能与其生前所属的周人贵族安葬在同一处墓地中。

整体来看,北窑墓地的墓主人以多个周人贵族家族为主,同时还有殷遗民贵族。朱凤瀚仅凭借一座中型墓 M347 中出土的一件叔造为召公宗室制作的青铜尊,[②]就认定整个北窑墓地 400 余座西周墓的墓主人皆属召公宗族

---

① 　a. 张懋镕:《周人不用日名说》,《历史研究》1993 年第 5 期。b. 张懋镕:《周人不用族徽说》,《考古》1995 年第 9 期。c. 张懋镕:《再论"周人不用日名说"》,《文博》2009 年第 3 期。

② 　叔造尊铭文:"叔造作召公宗宝尊彝父乙。"张懋镕《再论"周人不用日名说"》文中指出像召公宗族这样的上层姬周贵族在西周初年受到殷商文化的影响,出现了偶尔使用日名的现象。

的某一支脉,显然证据不够充足。

张应桥在其所写《洛阳北窑西周墓地性质初探》一文中对北窑墓地的性质提出了另一种看法,认为这处墓地是"成周八师"阵亡将士的"陵园"。①张文从分析北窑墓地的特点入手,认为北窑墓地的第一个特点是墓主人身份庞杂,族属、国别互不相同。然而张应桥所分析的这个特点是与北窑墓地的实际考古发现不相符的,该墓地没有各诸侯国国君的墓葬。张应桥的主要证据是北窑墓地出土铭文铜器的作器人身份庞杂,并且认为"北窑墓地出土的大部分器物的器主人应该也是墓主人"。但是,上文已经提到该墓地出土相关铭文铜器的墓葬规格明显偏小,这些铜器的作器人不可能是墓葬的墓主人。例如出土太保戈的 M161 仅为一座中型墓,墓坑长 4.32、宽 3.10米,墓室面积约为 13.39 平方米,无墓道,其规格与太保的身份极不相称。出土叔造尊和□公戈的 M347 同样为中型墓,墓坑长 4.17、宽 3.26 米,无墓道,其墓室面积约为 13.59 平方米,叔造是召公宗族成员,□公既然称公,其地位想必不低,张应桥自己也认为"同时随葬白懋父簋、王妊簋的 M37 只是一座中小型墓葬,墓主不可能是白懋父或王妊",所以,同理 M347 的墓主也不可能是叔造或□公。再者,出土毛伯戈的 M333 同样只是一座中型墓,墓口长 4.30、宽 3.20 米,墓底长 4.00、宽 2.90 米,无墓道,出土荣仲爵的 M299同为中型墓,墓坑长 3.40、宽 2.30 米,墓室面积 7.82 平方米,无墓道,这两座墓的墓主似乎也并非毛伯和荣仲。另外,张文还提到:"M172 还出土了一件丰伯剑,系实用兵器,该墓的主人很可能就是丰国之君——丰伯,即是一例证。"但是根据《洛阳北窑西周墓》的记录,丰伯剑实出自 M215,该墓墓口长6.55、宽 4.70,也无墓道,同样不能证明一定是丰伯之墓。总而言之,认为北窑墓地墓主人的国别互不相同是缺乏依据的。

张应桥总结的北窑墓地另一个特点是该墓地绝不见为嫁女而作的媵器,也罕见女性自作用器,似乎墓地中没有女性墓葬,墓地埋葬者皆为男子。北窑墓地之所以未发现媵器,其原因在于该墓地被盗严重,考古发掘所得的铭文铜器都是多次盗掘后的残余,比原有随葬器物少了很多,所以还不能断言该墓地原有的随葬铜器中没有媵器。另外,北窑墓地 M444 中出土了一件石纺轮(M444:1),纺轮一般多随葬于女性墓葬中。因此,不能认为北窑墓地埋葬者皆为男子。

张文还认为"毁兵""拆车"分层埋葬是为死于兵者举行的特殊葬礼。西周时期墓葬中"毁兵"的现象十分普遍,在陕西、河南、山西、北京、甘肃等

---

① 张应桥:《洛阳北窑西周墓地性质初探》,《四川文物》2006 年第 2 期。

地的西周墓葬中都有发现,是周人固有的一种葬俗,①而不是专门为死于兵者举行的特殊葬礼。"拆车"现象也见于丰镐地区张家坡墓地的井叔家族大墓中,这种葬俗同样不是专为死于兵者而举行的。

其实成周八师的高级将领确有可能葬于北窑墓地,但是,认为整个北窑墓地皆是死于兵者的将士"陵园"则不可信。所以,探究北窑墓地的性质问题,重点仍在于认清该墓地墓主人的身份和他们之间的关系。

北窑墓地的葬俗特征比较一致,整个墓地400余座西周墓葬基本上都是南北向竖穴土坑墓,其中只有4座墓带有腰坑,未见有殉人现象。墓地只见有马坑而未见车马坑,但在墓葬随葬品中却多见有拆散的马车部件。随葬陶器组合都是单独以鬲或罐或鬲罐两种组合出现,未发现有盉,其他簋、豆等陶器都极少见到,发掘报告指出:这种组合形式与洛阳地区以鬲和簋、豆相组合的殷遗民墓葬不同,而和陕西周原地区先周及西周墓随葬的陶器组合相似,随葬品的组合特征能进一步证明其墓主人身份大都为周人。但从出土铜器铭文来看,北窑墓地还葬有部分殷遗民贵族。

此外,北窑墓地墓主人还有一个特点就是身份地位普遍较高。从墓葬规格上看,已经发掘的348座西周墓葬中仅有小型墓12座。从随葬器物上看,墓地出土了很多原始瓷器,西周时期这类器物一般只在高规格的墓葬中出土,而且该墓地虽然经过严重盗掘,但是仍然出土了数量众多的青铜礼器。另外,墓地出土的铜器铭文及墨书文字涉及十多个人物,这些人物大都是西周王朝十分重要的姬姓贵族,例如太保、伯懋父、康伯、毛伯、丰伯、虢公、荣仲等,另外"王妊"是周王配偶,也是与姬姓贵族密切相关的,这个现象说明北窑墓地所葬之人身份等级是比较高的。

北窑墓地出土了大量的兵器和车马器,马车也可以用作战车,所以这个墓地的军事色彩是很浓重的,张应桥认为北窑墓地是"成周八师"阵亡将士的"陵园",②这个观点虽然有失偏颇,但是部分北窑墓地的墓主人生前确有可能是成周八师的将领,例如M6出土的一件青铜卣盖(M6∶2)上有铭文"师蔑作尊彝",西周金文中的师某一般是指武官。除武官外,在北窑墓地还葬有史官之类的文职官员。在这里出土和采集了多件以史为氏的铭文铜器,包括史嗼鼎(M410∶3)、史矢戈(M172∶2)、史龇敖尊(采∶03)、史□爵(采∶014)等,这几件铜器的作器人应该就是当时的史官。值得一提的是,

---

① 　a. 张明东:《略论商周墓葬的毁兵葬俗》,《中国历史文物》2005年第4期。b. 井中伟:《西周墓中"毁兵"葬俗的考古学观察》,《考古与文物》2006年第4期。
② 　张应桥:《洛阳北窑西周墓地性质初探》,《四川文物》2006年第2期。

西周中期的一座大型墓 M41 中出土了五件铜刀(图七)和两件尖状骨器,发掘报告的原文是这样描述的:"它们集中摆放在一起,下有长 0.60、宽 0.40 米的漆器痕迹,内朱红色,外黑色,并带朽木痕,当是盛放铜刀的木漆盒。铜刀皆带有鞘,刀身上可见鞘痕,想必铜刀外带鞘。两端有骨饰,下部有红色漆痕。有三把刀(M41:3~5)叠压在一起,共套一鞘。刀柄上有缠绕的丝织品痕迹。"①装饰如此精美的铜刀,而且还盛放在漆木盒子里,应该不是用作一般手工生产的工具。《汉书·萧何曹参传》:"赞曰:萧何、曹参皆起秦刀笔吏。"颜师古注曰:"刀所以削书也,古者用简牒,故吏皆以刀笔自随。"②吕学明所著《中国北方地区出土的先秦时期铜刀研究》一书中讲到过作为书刻工具的铜刀:"古人在简牍上书刻文字,需要专门的修治简牍和书刻的工具,这些工具多成套出土,铜刀是必不可少的组成部分。"③该书接着列举了在汲县山彪镇 M1、信阳市长台关 M1、太原晋国赵卿墓和薛故城 M2 出土的书刻工具,其中信阳市长台关 M1 出土的书刻工具就是盛放在一个木制的工具箱内。所以北窑墓地 M41 出土的是一套西周时期的书刻工具,其墓主人身份很有可能就是当时的高级文职官员。

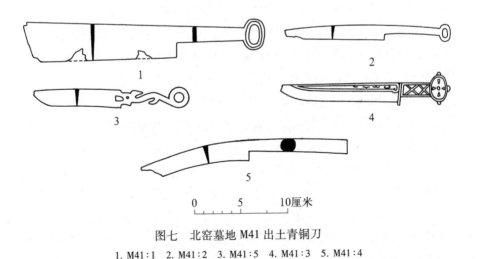

图七　北窑墓地 M41 出土青铜刀

1. M41:1　2. M41:2　3. M41:5　4. M41:3　5. M41:4

综上所述,北窑墓地墓主人身份为居住在成周的高等级周人贵族和部分殷遗民贵族。在北窑墓地可能埋葬有不止一个宗族,他们分属于凭借其掌握的技艺来服务于西周王朝的不同宗族,其中既有史官之类的文官家族,

①　洛阳市文物工作队:《洛阳北窑西周墓》,第 180 页。
②　班固:《汉书》,中华书局,1962 年,第 2021—2022 页。
③　吕学明:《中国北方地区出土的先秦时期铜刀研究》,科学出版社,2010 年,第 234 页。

也有"师"之类的武官家族,他们同为西周王朝服务,且共同生活在成周之中。所以,北窑墓地就是居住在成周的周人和殷遗民高等级贵族的公共墓地。

通过对北窑墓地的性质分析,可以对这些贵族家族生前的居住形态进行推测。周公营建新大邑于东国洛,新邑建成之后,所居住之人大都是迁徙而来的,一起埋葬于北窑墓地的诸多周人贵族及殷遗民贵族家族即是随着成周的营建和发展而从西方迁来的,同时被迁到成周的还有从东方迁来的其他殷遗民贵族及平民,周人相当重视有特殊技艺的殷遗民贵族,作为维持周王朝统治的助手。因为迁徙而来的周人贵族和其附属的殷遗民贵族可能拥有相对独立的居住区域,而在这个区域内是有很多个不同的贵族家族一起生活居住的,这样就构成一个因为政治因素而聚居的贵族居住区。所以与北窑墓地相对应的这处贵族居住区应该也是一处超血缘的地缘性居住区划,但在社会身份比较一致这一点上和张家坡墓地有所不同,可见当时的基层居民组织是有不同类型的。

第二节　洛阳北窑铸铜作坊遗址分析

除了上述埋葬于北窑墓地的高等级贵族之外,在成周还有一类人群的考古发现十分重要,那就是以北窑铸铜作坊遗址为代表的手工业者遗存。

洛阳北窑铸铜遗址位于北窑村外西南,东傍瀍水,西及孟洛公路,北倚邙山,南距洛阳老城东关1公里(图八,2)。1973至1974年,在该处遗址发掘清理了西周时期房址3座,其中F2还发现有多座奠基坑,坑内或埋一人,或埋一马,或埋一狗。清理窖穴18个、墓葬32座以及祭祀坑3个。出土遗物包括铜器、陶器、石器、骨器、角器、蚌器、陶范和熔炉残块等。其中陶范有礼器类和车马器类范,熔铜炉包括坩埚式、小型竖炉式和大型竖炉式三种,另外还发现有陶质的鼓风嘴。[1] 1975至1979年又陆续对该铸铜遗址进行了发掘,发现柱基遗存25个、地下水管道1条、路土面3处,此外还有灰坑、烧灶、烧窑、墓葬和奠坑。出土物有陶器、数以万计的陶范和大量的熔铜炉壁残块,以及骨、铜制工具等。[2] 2009年7~9月,洛阳市文物工作队为配合

---

①　洛阳博物馆:《洛阳北窑村西周遗址1974年度发掘简报》,《文物》1981年第7期。
②　洛阳市文物工作队:《1975—1979年洛阳北窑西周铸铜遗址的发掘》,《考古》1983年第5期。

铁路分局乘务员小区建设工程,对该工地进行了考古钻探和发掘,在北窑铸铜遗址区范围内发现马坑 4 座、车马坑 1 座和西周时期道路 1 条。①

　　在发掘遗址的同时还发现了数量众多的墓葬遗存,这些墓葬与铸铜作坊遗址的年代同为西周时期,而且空间距离非常接近,所以这些墓葬的主人应该与铸铜行为密切相关,很有可能就是参与铸铜的工匠。因此我们将研究的重点放在北窑遗址发掘的墓葬材料上,首先将北窑铸铜遗址历次发掘的墓葬材料概述如下:

　　1971 年在这里清理了 1 座西周墓葬,这座墓的墓室面积接近 4 平方米,墓底腰坑中殉狗 1 只,墓中随葬有铜鼎、铜簋、铜卣、铜尊、铜斝、铜瓿、铜觯各 1 件,铜爵两件,以及铜锛、陶罐、蚌饰等。根据墓中出土铜器铭文可以判定墓主人名为登。② 1974 年度的发掘简报中提到与"登"墓一起的还有一座同时期的墓,出土有铜爵、铜觯、铜铃各 1 件。1973 年秋季清理西周墓葬 32 座,墓底大多有腰坑,其中最大的一座墓 M14 带有拐弯墓道。③ 1975—1979 年间发掘了西周墓葬约四五十座,大都是小型墓葬。④ 1988 年冬至 1989 年发掘了西周小型土坑墓 11 座,随葬品为少量陶器和贝币,其中 5 座墓有腰坑。⑤ 1999 年又发掘西周墓 14 座,其中 2 座有铜器随葬,主要器形有鼎、觯、瓿、爵、斝及提梁卣等。⑥ 从随葬铜器的情况来看,北窑铸铜作坊墓葬的墓主人中地位比较高者是属于贵族阶层的。

　　北窑铸铜遗址墓葬的形制、随葬器物等方面的特征与上文分析的以周人贵族为主的北窑贵族墓地差异明显,此前已有学者指出:该处遗址(按:指的是北窑铸铜遗址)的墓葬流行腰坑殉狗,也发现有殉人,墓中随葬铜器中有很多酒器,这些都说明其族属为殷遗民。⑦ 而且,北窑遗址中出土的陶器也带有大量的殷商风格,所以,北窑铸铜作坊遗址墓葬的墓主人族属是以殷遗民为主,这种现象的出现有其深刻的历史原因。

　　西周初年,灭商后的周人大量继承了商代的物质文化,当时许多重要手

① 洛阳市文物工作队:《洛阳北窑西周车马坑发掘简报》,《文物》2011 年第 8 期。
② 洛阳博物馆:《洛阳北瑶西周墓清理记》,《考古》1972 年第 2 期。
③ 洛阳博物馆:《洛阳北窑村西周遗址 1974 年度发掘简报》,《文物》1981 年第 7 期。
④ 洛阳市文物工作队:《1975~1979 年洛阳北窑西周铸铜遗址的发掘》,《考古》1983 年第 5 期。
⑤ a. 叶万松、李德方:《洛阳北窑西周铸铜遗址》,《中国考古学年鉴·1990》,文物出版社,1991 年,第 248 页。b. 德方、劳霍、春芳:《洛阳大面积发掘西周冶铜遗址》,《中国文物报》1989 年 2 月 24 日第 2 版。
⑥ 刘富良:《洛阳市西周铸铜遗址》,《中国考古学年鉴·2000》,文物出版社,2002 年,第 196 页。
⑦ 张剑:《洛阳西周墓葬形制的分类》,《考古与文物》增刊(先秦考古),2002 年。

工业部类的工匠都是原先商代的工匠,这在后世文献的记载当中有迹可循,《左传·定公四年》:"分康叔以……殷民七族,陶氏、施氏、繁氏、锜氏、樊氏、饥氏、终葵氏。"①在赐给康叔的殷遗民家族中,有学者考证其多是与从事某种手工生产相关的,例如陶氏是陶工,施氏是旗工,繁氏是马缨工,锜氏是锉刀工或釜工(按:商代并无金属质地的釜,也不用陶釜,"锜"在古代也不作锉刀解,可能还是以指一种兵器为是),樊氏是篱笆工,终葵氏是椎工。② 说明在殷代,手工业生产大都是以家族为单位,每个手工业家族掌握一项专门技艺,各个家族的手工技艺只在本族内部传播和延续。周翦商后,他们有的又被以家族为单位赏赐给了像康叔这样的西周贵族,因此到了西周时代,这些殷遗民手工业者仍是以家族为单位组织在一起的。晚出的文献《逸周书·程典》:"士大夫不杂于工商,士之子不知义,不可以长幼,工不族居,不足于给官,族乡不别,不可以入惠。"③《国语·齐语》:"夫是故工之子恒为工。"④《考工记·总序》:"巧者述之,守之世,谓之工。"⑤皆说明手工业技艺是在家族内世代相传的,所以北窑铸铜作坊手工业者的组织模式也应该是以家族为单位的。

考古发掘显示北窑铸铜作坊的手工业者生前劳作和死后埋葬都在这同一区域内,工匠们的主要活动范围就是手工作坊,《逸周书·作洛》:"凡工贾胥市臣仆,州里俾无交为。"⑥也是讲手工业者有自己独立的活动区域,不与其他人杂居。

在北窑铸铜作坊遗址还发现有奴隶的遗存。在1975年至1979年的发掘过程中,发现有四五十座西周时期墓葬,这些墓葬可以分为无圹墓和有圹墓两种。无圹墓约占半数以上,都是抛尸或埋尸于当时的地面或灰坑之内,骨架没有一定的方向和固定的葬式,许多个体肢体不全、摆放随意,当属不正常死亡,并且完全没有随葬品。有圹墓大都为窄小的长方形竖穴坑,无棺,葬式一般为仰身直肢,有的死者双手曲向后背,手脚均似被捆绑。这类有圹墓中一般都没有随葬品,个别有之亦不过是一二件陶器和少量的贝、石

① 杨伯峻:《春秋左传注》,中华书局,1990年,第1537—1538页。
② 肖楠:《试论卜辞中的"工"与"百工"》,《考古》1981年第3期。
③ 黄怀信、张懋镕、田旭东撰,黄怀信修订,李学勤审定:《逸周书汇校集注(修订本)》,第173—174页。
④ 上海师范大学古籍整理研究所校点:《国语》,上海古籍出版社,1998年,第227页。
⑤ 孙诒让撰,王文锦、陈玉霞点校:《周礼正义》,第3114页。
⑥ 黄怀信、张懋镕、田旭东撰,黄怀信修订,李学勤审定:《逸周书汇校集注(修订本)》,第532页。

饰而已。① 有学者认为这些无圹墓和部分有圹墓的墓主人当是与铸铜有关的祭祀或巫术活动的牺牲，②这确实是有可能的。本文在此更关注的是这些人的身份，他们生前完全不占有任何生产资料，有的死后又直接埋葬于铸铜作坊之内，说明他们可能被用于铸铜生产，可以说是铸铜生产的工具之一，其生命又随时可以被剥夺而用作祭祀的牺牲，其身份当为奴隶无疑。

北窑铸铜遗址位于洛阳地区瀍河岸边西周遗存分布密集区域内，紧邻北窑贵族墓地，以生产青铜礼器为主，专业化程度很高，规模也比较大，其产品大都是供给贵族使用的，所以北窑铸铜作坊应该是归大贵族或周王室直接拥有的。铸铜工匠是依附于这些周人贵族的附属人群，在铸铜作坊生产过程中有使用奴隶劳动的迹象，这些奴隶死后则潦草埋葬，且无随葬品，而有的则被用作祭祀的牺牲。

总体而言，发现于今天洛阳瀍河西岸（即当时成周）的北窑铸铜作坊的手工工匠是以家族为单位组织起来的，他们生前在铸铜作坊内劳作和居住，死后就近埋葬于作坊附近，基本上不和其他人群混居，由此推测其他部类的手工工匠家族应该也是采用这种居住模式。除了成周地区之外，在周原地区云塘村发掘了制骨作坊，在齐家村西面发掘了制玦作坊，在庄李村发掘了铸铜作坊，这些遗址也都是手工工匠聚族而居并聚族而葬的实例，可以作为地域性居民基层组织的一种特例。除了手工工匠之外，据文献记载，专业化的商贾和工匠一样，也都是"食官"，即依靠官府提供食物。《国语·鲁语下》："先王制土，藉田以力，而砥其远迩；赋里以入，而量其有无。"韦昭注："里，廛也，谓商贾所居之区域也。"③可见专业的商贾也和工匠一样，是地域性聚居的。"工"和"商"的地域性居民组织可以称之为经济性地域性居民组织，专业性商贾的聚居尚有待新的考古工作来证明。

第三节　成周中小贵族及平民组织模式分析

成周考古发现最多的是中小贵族和平民阶层的遗存，包括多处墓葬和少量的遗址。下面就依次介绍这些考古发现的情况，并首先判断各类遗存的族属，然后对各类人群的居住情形及组织模式进行分析。

① 洛阳市文物工作队：《1975~1979年洛阳北窑西周铸铜遗址的发掘》，《考古》1983年第5期。
② 谢肃：《商文化手工业作坊内的祭祀（或巫术）遗存》，《江汉考古》2010年第1期。
③ 上海师范大学古籍整理研究所校点：《国语》，第218—219页。

　　1952 年秋,在洛阳东关即瀍河东岸的泰山庙,发现了两个西周时期灰坑,①这两个灰坑出土的遗物都带有浓厚的殷人作风,所以可推测其为殷遗民遗存。同年在老城东郊下窑村(图八,3)、东大寺、摆驾路口总共发掘了 20 余座西周墓葬。② 墓室底部绝大部分都有腰坑殉狗,其中东大寺 M101 的二层台上还有殉人,随葬品中的青铜弓形器、铜铃、铅戈、陶鬲、陶簋、陶豆、陶瓿等皆带有晚商风格,所以,推测这些墓葬的墓主人当以殷遗民为主。而在下窑村东区墓地所发掘的 4 座西周墓葬,墓中随葬有铜质车马器和兵器。③ 其中 M151 随葬有拆散的车辆,所有墓葬均未见腰坑殉狗,所以墓主人有可能是周人,从车马器形制和纹饰看,墓葬年代为西周中晚期。

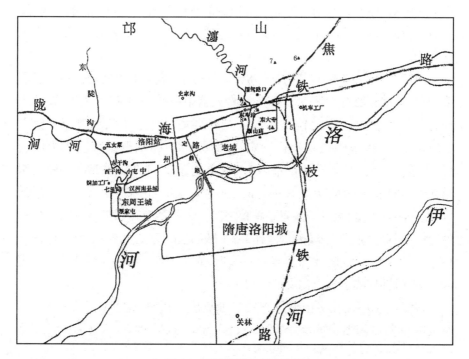

图八　西周成周墓葬分布图

1. 北窑墓地　2. 北窑铸铜遗址　3. 下窑村墓地　4. 林校祭祀遗址　5. 塔湾墓地　6. 杨文墓地
7. 马坡墓地　8. 唐城花园墓地

(改绘自郜向平:《洛阳地区西周墓葬研究》图一,吉林大学硕士学位论文,2002 年)

---

①　郭宝钧、林寿晋:《一九五二年秋季洛阳东郊发掘报告》,《考古学报》第 9 册,1955 年,第 92 页。

②　郭宝钧、林寿晋:《一九五二年秋季洛阳东郊发掘报告》,《考古学报》第 9 册,1955 年,第 93—104 页。

③　郭宝钧、林寿晋:《一九五二年秋季洛阳东郊发掘报告》,《考古学报》第 9 册,1955 年,第 104—109 页。

1986年12月,在泰山庙附近又发掘一座西周时期墓葬,随葬有瓿、爵、觯、卣等铅质礼器,①殷人随葬品重酒器,所以该墓的墓主人很有可能是殷遗民。

1953年在旧城东北门北面发掘一座西周墓,另有一座西周墓未标明位置,②两座墓皆有腰坑殉狗,墓6:01随葬有陶爵,墓3:01出土了一组铅礼器,其中的尊、卣、爵、瓿、觯、斝皆带有晚商风格,所以这两座墓为殷遗民墓葬。

1959年在洛阳东郊郑州铁路局钢铁厂发掘了一座西周墓。③该墓随葬铜器有瓿、鼎、尊、簋、瓿、觯、爵、戈和斧,酒器占较大比重,其中铜瓿上有铭文"作父乙",推测其墓主可能是殷遗民。

20世纪60至90年代,在洛阳东关以东的塔湾村附近集中发掘了90余座殷遗民墓(图八,5),有几座墓随葬成组的青铜礼器,大多有爵、瓿或爵、觯类酒器,有一座墓的二层台上有殉人,多座墓出土的青铜器上带有族氏铭文。④

1972年秋,在洛阳东郊为配合机车厂托儿所基建工程发掘了一座西周墓M13,墓室底部有一长方形腰坑,随葬陶器中有瓿、爵和觯等酒器,铜器中亦有爵和觯,另外随葬的铜瓿和铜簋上有铭文"🄍且丁",铜尊上有铭文"🄍父丁"。简报将该墓年代判定在西周初期,并推测其墓主人为殷遗民。⑤在其东北约1.5公里的洛阳东郊帽郭村于2011年又清理了一座西周昭穆时期的墓葬C5M1981,墓圹为长方形竖穴土坑,底部中央有一长方形腰坑,随葬品较丰富,大部分放置于棺椁之间。铜容器有鼎、簋、尊、爵、觯各一件,其中铜尊内底铭"🄍母乍(作)䣄(厥)□日癸宝尊彝",铜爵和簋与1972年机车厂M13随葬同类器形制接近,显示两墓存在一定关系,其墓主人应该都是以🄍为族氏铭文的殷遗民。⑥

1983年10月,在洛阳老城东关清理五座西周墓,编号C5M88—92,均有腰坑,⑦随葬陶器中的鬲(M88:2)、簋(M88:1、M89:3)、豆(M91:8)、尊

① 叶万松、赵振华:《洛阳市东郊西周墓》,《中国考古学年鉴·1987年》,文物出版社,1988年,第185页。
② 河南省文化局文物工作队第二队:《洛阳的两个西周墓》,《考古通讯》1956年第1期。
③ 傅永魁:《洛阳东郊西周墓发掘简报》,《考古》1959年第4期。
④ 张剑:《洛阳两周考古概述》,洛阳市文物工作队:《洛阳考古四十年》,科学出版社,1996年,第17页。
⑤ 张剑、蔡运章:《洛阳东郊13号西周墓的发掘》,《文物》1998年第10期。
⑥ 山东大学历史文化学院、洛阳市文物考古研究院:《河南洛阳市东郊帽郭村西周墓C5M1981的发掘》,《考古》2022年第3期。
⑦ a. 叶万松、余扶危:《洛阳市东关西周墓》,《中国考古学年鉴》(1984),文物出版社,1984年,第133页;b. 洛阳市文物工作队:《洛阳东关五座西周墓的清理》,《中原文物》1984年第3期。

（M91：4）、罍（M92：1）、觯（M88：10）、瓿（M89：6）皆为承续晚商陶器特征而来，所以这五座墓属殷遗民墓葬。

　　1984 年在洛阳林业学校发掘清理了四座西周车马坑，其中一号和五号车马坑内各殉有一犬。① 1991 年春，为配合洛阳林校基建发掘了一座西周中期墓，编号 C3M200，②该墓有腰坑，但其随葬陶器中的殷商风格已很不明显，其墓主族属不易判定。1993 年，在林校又清理一座西周车马坑，编号 C3M230，该车马坑内堆积分为上下两层，下层埋一车四马及铜兵器、蚌饰等。上层出土的铜尊、提梁卣、罍和铙皆带有晚商风格，整个车马坑出土的 13 件（类）兵器中只有一件损坏，这与以往周人墓葬中常见的"毁兵"现象截然不同。③ 这座车马坑的族属很有可能是殷遗民。2009 年 2 月~2010 年 6 月，洛阳市文物工作队在河南科技大学林业职业学院内发现了一处西周早期的祭祀遗址（图八，4）。④ 共发现西周灰坑 90 座，其中 37 座为祭祀坑，另有西周时期沟一条，墓葬 20 座。祭祀坑可以分为马坑、狗坑、牛坑、猪坑、人马组合坑、人猪组合坑、马猪组合坑、猪牛组合坑、车马坑以及人、牛、狗组合坑和碎骨坑等。此前在殷墟的西北冈王陵区曾发现过上千座晚商时期祭祀坑，这些祭祀坑中埋有人、马、猪、狗、象、羊、猴及鸟等，⑤在殷墟王裕口村南地晚商遗址区内也发现有用人和动物作牺牲的祭祀坑。⑥ 此次在林业职业学院发现的使用人或动物来进行祭祀的做法似是承袭晚商的习俗，因为周人很少用人来做祭祀的牺牲。⑦ 墓葬方面，从公布的 M1 照片中可以看到，在墓底的中部有一长方形腰坑。西周灰坑（包括祭祀坑）和墓葬均开口于⑥层下，通过总平面图可知，墓葬和灰坑交错分布在一起，彼此空间距离非常近，说明这里没有大规模的集中墓地，墓葬和祭祀遗存背后反映的是同一个人群，根据上文的分析，这个人群很有可能是居住在成周的殷遗民族群。

　　1985 年在老城中部中州路北侧发掘四座西周车马坑，出土有车马器和

①　叶万松、余扶危：《洛阳市瀍河西周车马坑》，《中国考古学年鉴》（1985），文物出版社，1985 年，第 167 页。

②　洛阳市文物工作队：《洛阳市东郊发现的两座西周墓》，《文物》1992 年第 3 期。

③　洛阳市文物工作队：《洛阳林校西周车马坑》，《文物》1999 年第 3 期。

④　周立、石艳艳：《洛阳西周早期大规模祭祀遗存的发掘》，《中国文物报》2011 年 6 月 17 日第 4 版。

⑤　中国社会科学院考古研究所：《殷墟的发现与研究》，科学出版社，1994 年，第 112—119 页。

⑥　中国社会科学院考古研究所安阳工作队：《河南安阳市殷墟王裕口村南地 2009 年发掘简报》，《考古》2012 年第 12 期。

⑦　黄展岳：《古代人牲人殉通论》，文物出版社，2004 年，第 146—149 页。

青铜兵器。① 因为出土器物的族属特征不明显,所以该遗存的族属尚不易判定。

1986 年,在瀍水东岸隋唐东都外郭城内东北部发现一座西周前期的窑址,②这处窑址由操作坑、火门、火膛、窑箅和窑室组成,其中出土的陶簋残片带有商式特征,推测该窑址为殷遗民遗存。

1991 年春,洛阳市文物工作队在北窑村西南、东车站以北发掘了一座西周墓葬,编号 C3M196。③ 这座墓有腰坑,随葬的陶簋(M196∶1)和陶尊(M196∶3)带有商式风格,另外该墓还出土了 2 件铅爵和 1 件铅斝,所以 M196 墓主人应该是殷遗民。2003 年 7 月,洛阳市文物工作队在配合洛阳东车站综合服务楼建设项目的发掘中,清理了 3 座西周时期墓葬(C3M566~C3M568),④这 3 座墓均为长方形竖穴土坑墓。发掘简报介绍了 M566 出土的一件陶簋(M566∶1),这件陶簋敞口外撇,厚方唇,矮圈足。腹部饰凹弦纹三周及双线连续的三角纹。其形态特征显然是延续晚商陶簋的风格而来。M567 墓底中部有一长方形腰坑,坑内殉狗。该墓随葬青铜容器组合为觚、爵、斝和尊,其中铜觚(M567∶12)上有铭文"亚□□作□宝障彝",铜爵(M567∶18)铭文"父己"和"子韦",铜斝(M567∶15)铭文"歙(饮)祖己",这几件铜器皆为商式风格。另外 M567 出土的陶簋(M567∶16)也与安阳殷墟出土晚商陶簋形制接近。M568 墓底中部也有一腰坑,该墓随葬的陶豆(M568∶4)带有晚商风格。从墓葬形制及出土器物特征来看,这 3 座墓可能都是西周时期殷遗民墓葬。

杨文墓地位于上文所述北窑墓地西北方向的洛阳市东郊邙山南麓焦枝铁路杨文站以西(图八,6),1993 年起在这里先后发掘清理了 10 座西周墓葬和 3 座马坑,⑤墓室面积在 5.76~20.14 平方米之间。所有墓葬皆为南北向长方形土坑竖穴墓,仅一座墓有腰坑,随葬陶器只见有鬲,青铜礼器有鼎、簋、壶、盘、匜、盨等,另外还有青铜车马器、兵器和工具。其中 C5M906 出土的铜盨上有铭文"召伯虎用作朕文考",召伯虎当为召公奭之后。⑥ 所以杨文墓地是一处周人贵族墓地,其墓葬年代为西周晚期。杨文墓地的墓葬等

① 中国社会科学院考古研究所洛阳唐城队:《洛阳老城发现四座西周车马坑》,《考古》1988年第 1 期。
② 洛阳市第一文物工作队:《洛阳瀍水东岸西周窑址清理简报》,《中原文物》1988 年第 2 期。
③ 洛阳市文物工作队:《洛阳市东郊发现的两座西周墓》,《文物》1992 年第 3 期。
④ 洛阳市文物工作队:《洛阳东车站两周墓发掘简报》,《文物》2003 年第 12 期。
⑤ a. 洛阳市文物工作队:《洛阳东郊 C5M906 号西周墓》,《考古》1995 年第 9 期;b. 洛阳市文物工作队:《洛阳东郊西周墓》,《文物》1999 年第 9 期。
⑥ 杨树达:《积微居金文说》,科学出版社,1959 年,第 269 页。

级比较高,其性质应该和北窑墓地相似,但杨文墓地 M1136 作为西周晚期墓仍有腰坑,是否为殷遗民保持其传统习惯,是值得考虑的。该墓地以西约 1.3 公里处有 20 世纪二三十年代发现的马坡西周墓地(图八,7),也曾出土有铭文铜器,这三处墓地都位于成周北面的邙山脚下,杨文墓地出现的年代晚于北窑墓地。

　　2001 年 3 月,洛阳市文物工作队为配合河南省农业经济学校教学楼的建设,清理发掘西周墓 5 座,该墓葬区位于洛阳市启明西路北侧,西距瀍河约 250 米。5 座西周墓均为小型长方形竖穴土坑墓,其中两座墓(C5M1553 和 C5M1554)有腰坑,出土器物有铜盘、銮铃、陶瓷器、玉器、海贝及蚌泡等。发掘简报认为这 5 座墓葬属于西周中晚期。[①] 从葬俗及随葬陶器特征来看,这批墓葬墓主人当是以殷遗民为主。

　　2002 年 7 月,洛阳市文物工作队在配合唐城花园建设项目的发掘过程中(图八,8),清理了一批两周时期的墓葬,发掘简报将编号为 C3M417 的一座西周墓葬进行了介绍。[②] 该墓形制为长方形竖穴土坑墓,葬具一椁一棺,墓底中部有一长方形腰坑,坑内殉狗。随葬品有铜鼎一件(C3M417:12),鼎内腹壁有铭文"单乍父辛宝障彝"。铜鬲一件(C3M417:23),腹部内侧有铭文"覃(?)且辛"。铜觯一件,内底部有铭文"交(?)父辛"。形制、大小相同的铜爵两件,其中标本 C3M417:26 上有两处铭文,一处为"单",另一处为"生(?)六乍□"。随葬陶器组合为鬲、簋、罐,陶鬲形制为分档袋足,是延续晚商风格而来的。该墓还随葬有青铜兵器和玉石器等。发掘简报认为这座墓葬是殷遗民墓,所出铜器中的鼎、鬲、觯、爵等具有商代晚期的风格,所出铜兵器也不见周人"毁兵而葬"的葬俗,是说可从。2002 年,又在同一建设项目中发掘了 70 多座西周墓,其中 C3M434 为长方形竖穴土坑墓,墓底中部有腰坑,腰坑内殉狗,葬具一棺一椁。[③] 随葬有陶簋 2 件、陶罐 3 件,其中的一件陶簋 C3M434:2 属仿铜陶礼器,在这件陶簋的内壁和底部依顺时针方向刻有成组的图画、筮数和文字,[④]可见其并非一般日用陶器。这件陶簋的形制与安阳殷墟大司空村 1962 年发掘的晚商墓葬 M53 随葬陶簋(M53:4)[⑤]以及小屯西地 GM233:25 陶簋[⑥]相似,有学者提出殷墟四期晚段

①　洛阳市文物工作队:《洛阳市启明西路西周墓发掘简报》,《考古与文物增刊》(先秦考古),2004 年。
②　洛阳市文物工作队:《洛阳市唐城花园 C3M417 西周墓发掘简报》,《文物》2004 年第 7 期。
③　洛阳市文物工作队:《河南洛阳市唐城花园西周墓葬的清理》,《考古》2007 年第 2 期。
④　蔡运章、安亚伟:《西周陶簋所见图画、筮数和文字简论》,《考古》2007 年第 2 期。
⑤　中国科学院考古研究所安阳发掘队:《1962 年安阳大司空村发掘简报》,《考古》1964 年第 8 期。
⑥　中国社会科学院考古研究所:《殷墟发掘报告(1958—1960)》,文物出版社,1987 年。

仿铜陶礼器墓开始在殷墟出现,①而在洛阳发现的这件仿铜陶簋正是殷墟晚期出现的这类葬俗的延续。C3M434 为洛阳地区殷遗民墓葬,年代为西周晚期早段。

2003 年 10 月,洛阳市文物工作队在瀍河东岸中窑村北清理了一座西周墓,编号 C3M575,②该墓西距瀍河约 500 米,为竖穴土坑墓,葬具为单棺,随葬品中有铜爵 1 件(C3M575:3),上有铭文"□父丙",铜觯 1 件(C3M575:2),内底铭文"父戊□",有銎戈 1 件(C3M575:4),陶尊 1 件(C3M575:1),另外还有玉饰、铜泡、海贝等,发掘简报将该墓的年代定为西周早期。这座墓葬出土的铜器以酒器为主,铭文也和晚商时期类似,推测其墓主人可能为殷遗民。

2007 年夏,洛阳市文物工作队在洛阳老城北大街清理一座西周墓,编号 C2M130。③ 该墓位于瀍河以西、洛阳老城北大街北端以东约 280 米处,其北紧邻洛阳市幼儿师范学校。由于遭受严重破坏,墓葬形制不详。随葬器物有陶器 5 件,器形有罐、簋,铜器 8 件,器形有鬲、尊、提梁卣、爵、觯、戈和镞,另外还有蚌器 4 件。发掘简报将此墓年代定为西周早期。墓中出土陶簋带有晚商风格,随葬铜器中酒器占大宗,说明该墓有可能是殷遗民墓葬。

2011 年,为配合洛阳铁道·龙锦家园住宅楼基建工程,洛阳市文物工作队于此清理了 39 座古墓葬,该墓区位于洛阳市瀍河区,陇海铁路以南。发掘简报公布了其中的 8 座西周早期和中期墓葬的资料,④均为南北向长方形土坑竖穴墓,其中 5 座墓底带有腰坑,并有不少仿铜陶酒器(陶爵)出土,墓主为殷遗民的可能性较大。

通过上文对瀍河两岸西周时期中小贵族及平民阶层遗存的分析可知,其居民族属以殷遗民为主,周人的遗存仅占少数(包括下窑村东区墓葬、杨文墓地和等级较高的北窑墓地等)。周人墓地分布位置偏北,殷遗民墓地偏南,整体考察墓葬年代可以看出,成周西周早期的遗存数量最丰富,自中期至晚期,遗存数量呈逐渐减少的趋势。

在洛阳地区,今天涧河两岸考古发现的西周时代遗存同样值得关注。

---

① 胡洪琼:《殷墟仿铜陶礼器墓试析》,《华夏考古》2006 年第 3 期。
② 洛阳市文物工作队:《洛阳瀍河东岸西周墓的发掘》,《文物》2006 年第 3 期。
③ 洛阳市文物工作队:《洛阳老城北大街西周墓》,《文物》2010 年第 8 期。
④ 洛阳市文物考古研究院:《洛阳铁道·龙锦家园西周墓发掘简报》,《中国国家博物馆馆刊》2015 年第 11 期。

1954 年在洛阳中州路的修建过程中,发掘了西周墓 10 座。[1] 其中 6 座墓底有腰坑,随葬铜器和陶器中有少量殷人风格器物,其墓主人族属可能是殷遗民。

1956 年,在涧河西岸的西干沟遗址发掘西周兽骨坑 63 个,[2]出土动物骨骼可辨识者以猪骨占多数,羊骨数量较少,发掘报告判断这些兽骨坑是因祭祀而填埋的。另外还发掘了西周时期的圆形竖穴坑 82 个,出土有陶器、石器和骨器等遗物,年代为西周中晚期,其中鲜少有殷人风格器物,所以推测该处遗址的族属当以周人为主。

1957 年至 1958 年,在涧河东岸的瞿家屯遗址发掘了西周时期房址 1 座、灰坑 16 座,[3]出土有陶、石、骨器,多为周人风格器物,年代为西周中晚期。该遗存的族属当以周人为主。

《洛阳发掘报告》里还介绍了东周城西墙基下发掘的西周墓葬 T203M3,[4]随葬陶器组合为鬲簋罐,且以周式器物为主,所以其族属可能是周人。

1987 年,在铜加工厂家属楼发掘 AM21,[5]墓底未见腰坑,随葬陶簋(简报称陶豆)为高圈足弦纹簋,与殷遗民墓葬中常见的陶簋形制有异,另外墓中出土的铜鼎和铜簋也都是西周常见的铜器式样,所以墓主应该是周人。简报判断墓葬年代约在穆王时期。

1997 年及 1998 年先后在五女冢村附近发掘了 4 座西周墓,[6]1997 年发掘的 HM362 中出土的陶瓿、陶尊皆带有商式风格。1998 年发掘的两座墓东西并列分布,皆有腰坑,其中 IM1519 随葬品中有 2 件带族徽铭文"𡩋"的铜爵,还有 2 件铜觚,亦为商式风格,4 件铜戈皆完整无损。五女冢附村近的这 4 座墓葬的墓主人可能都是殷人后裔,墓葬年代为从西周早期至中期前段。

2004 年 5 月,洛阳市文物工作队在涧河东岸、位于西小屯村的东南部清理了一座西周墓葬,编号 C1M8307。[7] 该墓为长方形竖穴土坑墓,墓底中部

① 中国科学院考古研究所:《洛阳中州路》(西工段),科学出版社,1959 年,第 53 页。

② 中国社会科学院考古研究所:《洛阳发掘报告》(1955—1960 年洛阳涧滨考古发掘资料),北京燕山出版社,1989 年,第 83 页。

③ 中国社会科学院考古研究所:《洛阳发掘报告》(1955—1960 年洛阳涧滨考古发掘资料),第 99 页。

④ 中国社会科学院考古研究所:《洛阳发掘报告》(1955—1960 年洛阳涧滨考古发掘资料),第 121 页。

⑤ 梁晓景、马三鸿(洛阳市第二文物工作队):《洛阳涧滨 AM21 西周墓》,《文物》1999 年第 9 期。

⑥ a. 洛阳市第二文物工作队:《洛阳五女冢西周墓发掘简报》,《文物》1997 年第 9 期;b. 洛阳市第二文物工作队:《洛阳五女冢西周早期墓葬发掘简报》,《文物》2000 年第 10 期。

⑦ 洛阳市文物工作队:《河南洛阳市王城大道发现西周墓》,《考古》2006 年第 6 期。

有一长方形腰坑,坑内殉狗。随葬品有铜鼎、铜簋和陶簋各 1 件,还有玉器若干件。发掘简报将这座墓的年代定为西周晚期前段,并认为该墓为殷遗民墓葬。这座墓除了腰坑殉狗之外,其余特征都和周人墓葬无异,其原因在于西周时期殷遗民自己特有的葬俗随着时间的推移而逐渐消逝,最终与当时社会主流的周人葬俗趋于一致,仅残留少量殷遗民葬俗的孑遗。

2004 年 12 月底,洛阳市文物工作队配合房地产开发盛世唐庄第三期工程时发现了十几座西周时期墓葬,其中一座 C1M8633 位于上阳路西南,涧河与洛河交汇处东北角,西距涧河约 300 米。[①] 该墓为长方形竖穴土坑墓,墓底中部偏南有一椭圆形腰坑,坑内殉一狗,葬具为一棺一椁。随葬品有陶器 24 件,器形包括簋、豆、罐,龙形铜镳 1 组 4 件,铜銮铃 1 组 2 件,铜戈 1件,铜镞 3 件,还有玉饰片、蚌鱼等,发掘简报推断该墓年代应在西周晚期。从腰坑殉狗的葬俗判断,这座墓葬有可能是殷遗民墓葬。

涧河两岸在西周早期即有少量墓葬,中期墓葬有所增多。但该区域没有发现较高等级的墓葬或遗址,其地位当远逊于瀍河两岸地区。[②] 论及该地区居民族属,则周人和殷遗民所占比例相当。

到目前为止,考古发现的成周地区西周时期中小贵族和平民的遗存十分丰富,然而无论是遗址还是墓葬,其族属都是以殷遗民为主。西周早期墓葬体现出来的殷遗民葬俗特征尤其明显,而西周中、晚期的遗存中能够反映出其殷遗民族属身份的特征信息则越来越模糊,仅能依靠埋葬习俗的一些线索来大致推断。另外,在成周同时还存在周人的遗存,例如下窑村东区墓地和杨文墓地的墓主人主要为周人,但都存在少量有腰坑的墓,似乎表明其不一定是纯周人的墓地。这两处墓葬的年代皆为西周中晚期,所以这两处墓地的形成既可能是成周内部周族人群人口自然增长的结果,也有可能是后期从他处迁徙而来的。而在下窑村东区墓葬的周边地区发现的西周时代遗存则又多是殷遗民遗存,所以,综合而言,居住在成周的中小贵族及平民阶层是以殷遗民为主。

北窑贵族墓地埋葬的主体是周人高级贵族,与之相比较而言,成周以殷遗民为主体的中小贵族及平民没有发现集中的、大规模的墓地,墓葬数量众多却分布零散,有的墓葬还与居址交错分布。虽然今天洛阳殷遗民墓葬的分布区域受后代人类活动的扰动十分严重,但是即便如此,就目前的考古发现来看,成周的殷遗民没有上百座墓葬大面积集中分布的墓地,所以殷遗民

---

① 洛阳市文物工作队:《洛阳涧河东岸西周晚期墓》,《文物》2007 年第 9 期。
② 郜向平:《洛阳地区西周墓葬研究》,吉林大学硕士学位论文,2002 年,第 64 页。

墓地分布的原貌应该就是比较分散的,无法与北窑墓地相提并论。以发现
⊠这一族徽的墓葬为例,两墓年代相近,但一处是在瀍河以东甚远的机车
厂,另一处则是在涧河边上的五女冢,相隔甚远,有可能是同一族的人分散
到了不同的地点。

成周殷遗民墓葬这种分散的分布态势说明其血缘宗族纽带可能同样是
松散的。居住在成周的殷遗民是由很多个原先的殷人宗族组成,他们都是
从殷商故地迁徙而来,重新定居成周之后,其原有的宗族组织势必遭受到了
一定的破坏。因为迁殷遗民到成周来的目的就是要弱化殷人原有的力量,
作为统治者的周人贵族是不会让这些殷人家族保有大规模完整的宗族纽
带、任其聚族盘踞在成周的,破坏其原本的宗族组织正是对其自身力量的削
弱。对此,朱凤瀚曾援引李宗侗(字玄伯)在《中国古代社会新研》中提出的
观点:"家族组织(团组织)与地域组织系两种相反地力量,互为消长
的。……周公灭殷践奄以后新封各国统治者皆系周人,但被统治者仍系旧
民,如鲁、卫之殷民,晋之怀姓,以及其余各国想已莫不如是,旧民的团组织
若仍旧维持,其团结力不灭,则统治者与被统治者对峙的状态,始终不能少
止。地域组织是打破团组织的最适当的方法,聪明的周人岂有见不及此。
他们必一方面维持士大夫阶级的贵族组织以加强周人的力量,另一方面施
行民的地域组织以减弱殷人的团结。……百姓者按照族姓之分类组织,族
各有长;里君者按照乡里之分类组织,里各有君,即所谓里君。由是观之,地
域组织至少始于周初,得此亦足证明矣。"①李玄伯的观点有可取之处,只是
"鲁、卫之殷民,晋之怀姓"并非皆为被统治者,周人高等级贵族诚然属统治
者阶层,而殷遗民以及怀姓九宗中的上层贵族为周人所用,同样也属统治阶
层。而且李玄伯从周初的形势来推测地域组织"至少"始于周初,甚有见地,
却并不能成为朱凤瀚主张地域组织始于周初的依据。

所以,成周高等级的周人贵族有能力维系其宗族组织,保持着若干个周
人宗族的聚族而居和聚族而葬,而以殷遗民为主体的成周中小贵族和平民
的宗族组织则处在一个比较松散的状态,他们中的一部分中小贵族可能被
周人吸纳为统治的助手而进入贵族聚居区,而大量散居的中小贵族和平民
则有可能被周人用一种"寓兵于农"的方式组织成巩固周王朝统治的重要力
量。西周金文中的"成周八师"正为我们探究这个问题提供了一个线索。

---

① 朱凤瀚:《先秦时代的"里"——关于先秦基层地域组织之发展》,中国先秦史学会秘书处
编(唐嘉弘主编):《先秦史研究》,云南民族出版社,1987 年。李玄伯文见于李宗侗:《中
国古代社会新研 历史的剖面》,中华书局,2010 年,第 135 页。

成周八师,传世文献失载,目前只见于西周金文,现将与成周八师有关的西周金文列举如下(图九):

(1)小臣谜簋:"伯懋父以殷八师征东夷。"(《集成》4238,西周早期)

(2)竞卣:"唯伯犀父以成师即东,命戍南夷。"(《集成》5425,西周早期)"成师"即为"成周八师"的省称。

(3)录减卣:"淮夷敢伐内国,汝其以成周师氏戍于□自。"(《集成》5420,西周中期)

(4)盠方尊:"王令盠曰:眔司六师眔八师艺。"(《集成》6013,西周中期)

(5)曶壶盖:"王呼尹氏册命曶曰:更乃祖考作冢司土于成周八师。"(《集成》9728,西周中期)

(6)克鼎:"王命善夫克舍令于成周、遹正八师之年。"(《集成》2796,西周晚期)

(7)禹鼎:"王廼命西六师、殷八师曰:撲伐噩侯驭方,勿遗寿幼。"(《集成》2833,西周晚期)

通过上引诸条西周金文可知成周八师又称殷八师,或称成周师氏,是西周王朝控制东土及南土的一支重要军事力量,八师的职官由周王亲自任命。关于成周八师兵员的组成成分问题,目前学界有几种不同的说法,一种是认为成周八师由周人组成,如范文澜著《中国通史》中说周公派八师兵力(一师二千五百人)驻成周,监视殷遗民。[1] 李学勤也同样认为八师不是殷人后裔,而是由周人组成的。[2]

另一种观点认为成周八师由东方各国的军队组成,持此观点的主要是孙晓春。[3] 他的第一条证据是认为成周八师的统帅多为各国诸侯,并举小臣谜簋中成周八师的统帅是卫国国君伯懋父为例。事实上,伯懋父与卫国国君康伯髦并不是同一个人。"懋"字古音在明母侯部,而"髦"字古音则在明母宵部,两字的古音并不相同,郭沫若认为这两个字古音相近而推定伯懋父就是康伯髦的观点并不严谨。[4] 而且从小臣谜簋的表述来看,伯懋父

① 范文澜、蔡美彪等:《中国通史》,人民出版社,1994年,第72页。
② 李学勤:《论西周金文的六师、八师》,《华夏考古》1987年第2期。
③ 孙晓春:《成周八师为东方各国军队说》,《史学集刊》1986年第4期。
④ 郭沫若:《两周金文辞大系图录考释(二)》,《郭沫若全集·考古编》第八卷,科学出版社,2002年,第64页。

1. 克鼎

2. 小臣謎簋

3. 競卣

4. 盠方尊

5. 录戜卣

6. 曶壶盖

图九　成周八师相关金文举例

的身份是周王朝的卿士,他统帅成周八师是代表西周王室来行使权力,而与卫国无关。孙晓春列举的另一件铜器铭文是录或卣,他相信铭文中的或是淮水流域六国的国君,然而西周时淮水流域有淮夷盘踞于斯,淮夷向来是与西周王朝不和,淮水流域六国的国君不太可能当上成周八师的统帅。他还认为竞卣铭文中的伯犀父也是列国诸侯之一,却没有给出相关证据。孙文的第二条证据是西周时期有征调诸侯国军队从征的制度。这一点并不能直接证明成周八师就是由从东方各国征调来的军队组成的,征调诸侯国军队从征与周王朝在成周特意设立成周八师似乎并无抵牾之处。

　　还有一种观点认为殷遗民是成周八师的主要组成成分。于省吾认为:"其中的'八自',则系周人克殷后,将殷人的投降军队改编而成,故也称之为'殷八自'。""从西周金文中,时常见到周王指派某人充任八自中的职官,可见殷八自中的原有士官,多被周王所更换,而代之以亲信的周人。"①郜向平也认为:"从墓葬等级角度来看,西周时期洛阳地区的周人基本都是不同等级的贵族,他们可以成为军队的大小将领和核心力量,但普通战士仍应以平民为主……前面已论及西周时期洛阳地区的平民基本都是殷遗民,则他们应为成周八师的主体无疑。"②郜向平是从墓葬的角度来进行论证,从遗址的角度来看,目前成周范围内公布的 5 处西周遗址,遗址种类包括铸铜遗址、祭祀遗址、车马坑及陶窑等,其中有 4 处为殷遗民遗存,所以郜向平的观点是可信的。成周八师确应该是以殷遗民为士兵的主力,而其高级将领则是以周人贵族为主。

　　周小而商大,周人在联合诸多盟友克商之后又施行了大分封,将周族贵族分封到全国各地时,依上文所引《左传》的记载,分封鲁国时还要带上一部分殷遗民,而考古发现证明分封燕国时也带有一部分殷人贵族作为帮手。所以周人兵源想必会因此而变得不甚充足,也就不太可能在宗周建立西六师之外,再有力量向成周派出主要由周人组成的八师。于省吾曾指出:《书·多士》称商邑为"天(大)邑商",③而以殷遗民的人数,要编成八师肯定是绰绰有余,定制为八师可能还要对原有军队进行裁减。周公东征之后,营建成周并迁殷遗民而编成殷八师,正可利用殷遗民的力量来维持东方及南方的稳定,这是周人非常高明的举措。

　　考古发掘的证据更加直接,上文已经言明居住在成周的中小贵族及平

---

① 于省吾:《略论西周金文中的"六自"和"八自"及其屯田制》,《考古》1964 年第 3 期。
② 郜向平:《洛阳地区西周墓葬研究》,第 62 页。
③ 于省吾:《略论西周金文中的"六自"和"八自"及其屯田制》,《考古》1964 年第 3 期。

民阶层基本上都是殷遗民,这些人正是殷八师士兵的主要来源。而且殷遗民贵族的墓葬中也是可以随葬青铜戈、镞等兵器的。此外,在成周考古发现的周人墓葬其墓主人又多为贵族阶层,例如北窑贵族墓地、杨文墓地等,尤其是在北窑墓地出土了数量众多的兵器以及带"师某"的铭文铜器,由此可知,周人贵族是成周八师的统帅阶层。

于省吾发现在丰镐的西六师和在成周的殷八师中都设有掌管农事的职官,盠方尊:"王令盠曰:甤司六师眔八师艺。"艺的含义与农业种植有关。铭文是说王令盠掌管六师及八师的谷类种艺之事。曶壶盖:"王呼尹氏册命曶曰:更乃祖考作冢司土于成周八师。"西周金文中的司土一职,专管与土地有关的农田、仓廪以及山林川泽诸事。① 如载簋盖铭称:"王曰:载,令女作司土,官司籍田。"免簠称:"令免作司土,司郑还廪、眔吴(虞)、眔牧。"即主管仓廪、山林川泽和牲畜放牧。西六师也有与之类似的官职设置,南宫柳鼎:"王呼作册尹册命柳,司六师牧、阳大□,司羲夷阳、佃事。"李学勤认为南宫柳管理六师"牧",可能相当《周礼》的牧师,经营牧马的场地,与放牧六牲的牧人也有关系。"阳"读为"场",相当《周礼》的场人,管辖各种果蔬的园圃。柳又兼司羲夷的"场"和"佃(甸)",后者相当《周礼》的甸师,有供给果蔬的职责。②

成周八师和西六师设有与农业生产相关的职官,这说明"师"不仅仅是军事组织,而且还是从事农牧业的居民组织,成周八师就是成周的八个居民组织。这种"师"和《左传·襄公十一年》所载鲁国"季氏使其乘之人以其役邑入者无征,不入者倍征"的"役邑"涵义相似。杨宽指出当时鲁国军队即以"役邑"居民编制而成,军赋亦在这个组织中征取。③ 他将西周时"师"的军事编制和当时的居民组织编制相联系是有道理的,但是用《周礼》中记载的乡遂制度来解释西周时的居民组织状况恐怕未必合适,因为《周礼》所载的乡遂制度于西周时期是否真实施行过还不能确知。④ 但就春秋时代而言,杨宽文中所提到的齐国"十五士乡"和鲁国"役邑"即是军队编制和居民

---

① 于省吾:《略论西周金文中的"六自"和"八自"及其屯田制》,《考古》1964年第3期。
② 李学勤:《论西周金文的六师、八师》,《华夏考古》1987年第2期。
③ 杨宽:《论西周金文中"六自"八自"和乡遂制度的关系》,《考古》1964年第8期。
④ 晁福林:《先秦社会形态研究》,北京师范大学出版社,2003年,第407页。该书第五章的第三节"周代社会结构与'乡遂制度说'"对"乡遂制度说"进行了辨析,认为"乡遂制度说"的主要依据是《周礼》中的记载,《周礼》虽然有某些周代社会的史影,但其内容多为后人的杂凑或设想。晁福林又从《周礼》本身内容出发证明了它并没有严格的乡、遂两个系统;《周礼》中六乡的地域概念是含混不清的;《周礼》中的乡遂居民并没有称谓、身分、权力、义务的区别,所以乡、遂并不是两个不同阶级的居住地区。

组织相结合的。由此而推想,西周时的六师、八师既是军队编制,同时还是居民编制组织。对此,前人已有相关的论述,比如说方述鑫认为"八师也应有八乡或类似的组织,其所征兵源亦应与乡里组织相结合"。① 于凯认为"西周之'师'的具体管理方面,往往是有土有民,带有一般邑落组织的基本特征和类似的组织原则"。② 张应桥也提到:"居住在(成周)各乡里的居民亦即八师的士兵,他们按照族属和乡属被编入八师的不同组织单位。总之,当时的行政组织机构也就是八师的组织机构。"③

殷八师、西六师既是军队编制,同时又是居民组织,这应该是和西周时期的兵制有密切关系。林沄先生在《商代兵制管窥》一文中论证了商代的基本兵制是征集制,同时又存在着职业性的常备军队。该文中提及:直到《左传》所记述的春秋时代,各国军队的基本兵员仍然是在有当兵资格的公民中临时征集的。他们平时是"民",而不是职业军人。按军队的编制进行作战训练是在定期的全国性田猎大会时进行的。④ 所以西周时的兵制应该还是以征集制为主的。成周八师和西六师是当时周王朝所倚重的主要军事力量,每当遭遇战事,需要大规模派出军队的时候,就临时征集八师和六师的普通兵员。因为维持大规模军队的开销十分巨大,所以在和平时期,八师、六师的兵还是要回归于民,实行寓兵于农的基本策略。因此,本章节所重点探讨的成周八师既是西周王室的军事组织,又是殷遗民的居民组织,殷遗民当中部分有资格当兵打仗的人是编制在成周八师之内的。于省吾把六师和八师都误认为是常备军,才有"屯田"之说,不如认为是兵农合一的古制更符合实际。通过上文对成周地区殷遗民考古发现的梳理,我们可以看出殷遗民的宗族组织是十分松散的,其居住模式并非聚族而居。所以,以师为单位的居民组织应该是一种地域性居民组织,八师其实就是八个地域性居民组织。周人统治者用八个地域性组织来管理成周有资格参军打仗的殷遗民,为成周八师提供基本兵源。

中国古代地域性居民组织与当时实行的兵制向来关系密切。李零在其所撰《中国古代居民组织的两大类型及其不同来源》一文中提到:军队编制

① 方述鑫:《〈史密簋〉铭文中的齐师、族徒、遂人——兼论西周时代乡遂制度与兵制的关系》,《四川大学学报(哲学社会科学版)》1998年第1期。
② 于凯:《西周金文中的"自"和西周的军事功能区》,《史学集刊》2004年第3期。
③ 张应桥:《洛阳北窑西周墓地性质初探》,《四川文物》2006年第2期。
④ 林沄:《商代兵制管窥》,《吉林大学社会科学学报》1990年第5期。后收入《林沄学术文集》,中国大百科全书出版社,1998年,第148—156页。近来李忠林撰写的《殷商兵制若干问题刍议》(《中国史研究》2014年第2期)一文中同样认为殷商时期中央王朝的军队以临时征发的师旅为主体,商代到西周的兵制是寓兵于农的临时征集制。

与居民编制有着同步相应的关系，但它的构成原理并不是基于后者，而是基于自身的特点和需要，即适应兵车作战的队列法。因此它在本质上决定了后者（即居民编制）的特点。① 杜正胜也曾经有过论述：“先秦文献凡论及地方行政系统者，多与军队组织配合。这些文献包含经典、子书及史传，来自多源的资料，恐怕反映一些实情，不是纯粹私家议论。”②地域性基层居民组织建立的目的就是更加有效地控制和管理居民，为征兵、征发力役等提供制度上的保障。

总的来说，成周八师是为了保障兵役供给而设立的兵农一体的地域性居民组织。之所以说八师是地域性居民组织，具体原因可以列出三条：1. 成周八师的设立是一种政治行为，其目的在于保障兵源。地域性居民组织的出现本身就是一种政治行为，其目的也是在于保证兵役和力役等赋役的供给。③ 所以，成周八师的形成原因与地域性居民组织形成的原因存在一致性。2. 八师应该有八个区域供其成员居住和生活，与此同时，八师中设有掌管种植的官员说明还应该有相应的耕种区以满足八师成员生存的需要。3. 上文已经讲过，成周八师士兵的主体来源于殷遗民，殷遗民由商入周，在周王朝的统一支配下，其血缘家族纽带遭到破坏，并未在成周聚族而居。由此推测，成周八师以及西六师的设立带有行政区划的内涵，是西周基层地域组织的一种实现方式。

关于西六师，历史文献和考古发现中并没有给我们留下十分明确的线索，大抵上应该是设置于周王朝西土的六支军民合一的军事组织。20 世纪六七十年代在泾河上游的甘肃灵台白草坡墓地先后发掘了 9 座墓葬和 1 座车马坑，④根据随葬铜器铭文可知 M1 墓主人为“泾伯”⑤、M2 墓主为“㶏伯”，两座墓葬大体同在西周康王时期，且都随葬大量戈、镞、钺等青铜兵器，墓主人身份应该属于当时的军事贵族。两位称伯的军事贵族共同埋葬在白草坡墓地，而且该墓地恰位于西周王朝与西北诸民族交锋的泾河流域，其经营西北边疆的战略意图十分明显。⑥ 白草坡墓地的考古发现也许与西六师

---

① 李零：《中国古代居民组织的两大类型及其不同来源》，《文史》第 28 辑，中华书局，1987 年。

② 杜正胜：《编户齐民——传统政治社会结构之形成》，（台湾）联经出版事业股份有限公司，1990 年，第 126 页。

③ 《礼记·内则》载小孩出生后，“夫告宰名，宰辩（遍）告诸男名，书曰，某年某月某日某生，而藏之。宰告闾史，闾史书为二，其一藏诸闾府，其一献诸州史”。闾即里，所以宰即为里宰。所以基层居民组织的重要功能就是监督人口，以保证赋役。

④ a. 甘肃省博物馆文物组：《灵台白草坡西周墓》，《文物》1972 年第 12 期。b. 甘肃省博物馆文物队：《甘肃灵台白草坡西周墓》，《考古学报》1977 年第 2 期。

⑤ 刘钊：《泾伯器正名》，《文物研究》1989 年第 5 期。

⑥ 胡子尧：《泾河流域西周墓葬研究》，吉林大学硕士学位论文，2017 年，第 72 页。

没有直接关联,但是这种派遣多个贵族家族共同戍守军事要地的做法与师的设置有共通之处,白草坡墓地因而也带有明显的地域性特征。

这里顺便再谈一下成周八师衰亡的问题。

孙晓春认为从现有金文材料来看,成周八师只存在于西周成王至厉王时期,宣幽时期便不复出现了,所以成周八师下落不明,从而认定西周王室没有在成周派驻过八师军队。[①] 成周八师在西周末年确实是衰亡了,但不能算是下落不明。成周八师在金文中出现的时段与成周西周时期的考古发现确有相通之处,那就是,成周地区西周早中期的遗存多,而西周晚期的考古发现则相对较少。部向平认为:"西周晚期瀍河两岸的乙组墓大幅减少。……原因也可能是由于战争。西周晚期多有征伐,南方的淮夷和西北的犬戎还经常入侵。作为'成周八师'主要兵源的殷遗民,人口可能会因战争而有所减少。"[②]他接着还引用了厉王时期的禹鼎铭文"亦唯鄂侯驭方率南淮夷、东夷,广伐南国、东国,至于历内,王迺命西六师、殷八师曰:撲伐鄂侯驭方,勿遗寿幼"和《国语·周语上》"宣王既丧南国之师,乃料民于太原"的记载来表明西周晚期在战争中伤亡的人数是很多的。

所以,西周王朝历次对外战争对成周八师造成了很大的打击,最终使得这支以殷遗民为士兵主力的军队消耗殆尽。与之相对应的是瀍河两岸西周遗存在中晚期也开始逐渐衰落,平王东迁之后营建的东周王城选址在今天涧河附近,洛阳地区居民居住的中心也随之西移。

第四节　论成周里人及其他

上面分析了成周地区考古遗存所反映出的几种地域性居民组织形式,在这个基础之上,可以分析一下虢簋(《集成》4215)铭文中提到的"成周里人"。

现将虢簋铭文抄录如下:

唯王正月,辰才(在)甲午,
王曰:虢,命女(汝)司成周

---

① 孙晓春:《成周八师为东方各国军队说》,《史学集刊》1986 年第 4 期。
② 部向平:《洛阳地区西周墓葬研究》,第 64 页。

里人眔者(诸)侯、大亚,讯

讼罚,取邎五孚(锊),易(赐)女(汝)

尸(夷)臣十家,用事。龤拜

颐首,对扬王休命,用

乍(作)宝簋,其子子孙孙宝用。

铭文中的"里人",在金文中仅此一见,先秦古籍《国语·鲁语下》:"若罪也,则请纳禄与车服而违署,唯里人所命次。"①韦昭注:"里人,里宰也。有罪去位,则当受舍於里宰。"则"里人"可释为里中的主管,其称谓又有"里君""里正""里长""闾胥""里尹"等不同的说法。

若按《周礼·地官·遂人》的记载:"五家为邻,五邻为里。"②则"里宰"不过掌二十五家的政令,是一个很小的官职,不足以和龤簋铭文中的"诸侯""大亚"并举。

但实际上,先秦古籍中对里的大小有诸多不同的说法。

除了《周礼》认为一里有廿五家之外,《国语·齐语》:"五家为轨,轨为之长;十轨为里,里有司;四里为连,连为之长;十连为乡,乡有良人焉。"③《鹖冠子·王鈇》:"五家为伍,伍为之长;十伍为里,里置有司。"④以上文献则主张五十家为一里。

《管子·立政》:"分国以为五乡,乡为之师;分乡以为五州,州为之长;分州以为十里,里为之尉;分里以为十游,游为之宗;十家为什,五家为伍,什伍皆有长焉。"⑤又《管子·度地》:"故百家为里,里十为术,术十为州,州十为都……"⑥《礼记·杂记下》:"无有,则里尹主之。"⑦郑玄注引《王度记》曰:"百户为里,里一尹。"以上文献则记载一里有百家。

所以,我们可以设想在西周时成周"里"中的主管所管辖的居民数量应该远不止二十五户,这样里人才更适合和诸侯、大亚相提并论。因而,虽然现在还没有资料可以直接表明西周时里的主管者——"里君"究竟管理多少户居民,但也完全可以从《周礼》所设定的一里只有二十五家、里宰的身份为

① 上海师范大学古籍整理研究所校点:《国语》,第171页。
② 孙诒让撰,王文锦、陈玉霞点校:《周礼正义》,第1121页。
③ 上海师范大学古籍整理研究所校点:《国语》,第231页。
④ 黄怀信:《鹖冠子汇校集注》,中华书局,2004年,第178页。
⑤ 戴望:《管子校正》,《诸子集成》(第5册),中华书局,1954年,第10页。
⑥ 戴望:《管子校正》,《诸子集成》(第5册),中华书局,1954年,第303页。
⑦ 阮元校刻:《十三经注疏》,中华书局,1980年,第1566页。

下士的框架里解脱出来,重新考虑里君的实际地位。①

在周初铜器矢令彝(图十)铭文中提到:"王令周公子明保尹三事四方,受卿事寮。……明公朝至于成周出令,舍三事令:眔卿事寮(僚)、眔者(诸)尹、眔里君、眔百工、眔者(诸)侯:侯、田、男,舍四方令。"(《集成》9901)同样也是把成周地方的里君和诸侯并举的。但显然这里是分为两大部分,一部分是对"三事"的各种负责人,即卿事寮(各种办事人员)、诸尹(各项事务的主管)、里君(各个居民组织的主管)、百工(各行业手工工匠的主管),另一部分是对"四方"的诸侯。很有可能,周王之所以在天下之中建立成周,是要使成周成为一个就近处理东方各诸侯国事务的中心,而不必事事都到西面的宗周去求得解决。

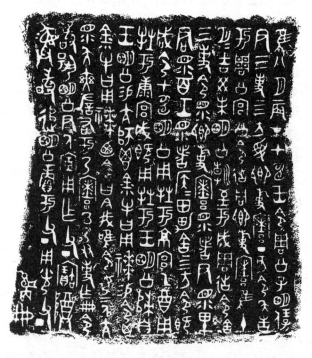

图十　矢令彝铭文

---

① 裘锡圭因为相信里君和《周礼》记载中的里宰一样为下士,所以进一步认为里君和《春秋》中提到的"王人"身份相当。这是因为裘先生同时还相信杜预《春秋释例》的"中士称名,下士称人。此言王人,是天子下士也"的说法。然而,王人能与鲁公、齐侯、宋公这样的诸侯国君一起参加盟会,即便是因为代表周天子,个人身份可以低一些,但也不至于低到下士这一等级。裘锡圭:《关于商代的宗族组织与贵族和平民两个阶级的初步研究》,《文史》第 17 辑,中华书局,1983 年,后收入氏著:《古代文史研究新探》,江苏古籍出版社,1992 年,第 330 页。

　　因此对于麃簋铭文中提到的"诸侯",不一定要理解为各诸侯国国君有常住在成周的,也可以理解为到成周办事的,比如麃簋铭文明确指出麃是派到成周"讯讼罚"的,可以为到成周来打官司的诸侯解决争端。《诗·大雅·绵》以"虞芮质厥成"①作为文王王业始大的标志,则周天子一直要保持对诸侯各国之间的仲裁权是很自然的事。至于有的研究者设想麃簋铭文中的"诸侯"是指监禁在成周的殷商时的诸侯,或是西周时战争中俘获的诸侯,②这种奇思异想是很难使人信从的。

　　此外还有"大亚"。"亚"是见于武丁以来殷墟甲骨的官名(图十一),有"马亚"(《合集》5707、5709 正、5710)和"射亚"(《合集》27941),应是指不同兵种的武官。在祖庚至祖甲时期的历组卜辞中有"以多田、亚、任……"(《合集》32992 反),把"亚"和周初诸侯中的"田(甸)""男(卜辞作"任",同音通假)"并举,可见"亚"的地位甚高。在周人文献中,《尚书·牧誓》"亚旅、师氏、千夫长、百夫长"③连举,则师氏高于千夫长,亚旅又高于师氏,应

图十一　殷墟卜辞中的"亚"

---

① 程俊英:《诗经译注》,上海古籍出版社,2004 年,第 413 页。
② 马承源:《商周青铜器铭文选(三)》,文物出版社,1988 年,第 232 页。
③ 江灏、钱宗武译著,周秉钧审校:《今古文尚书全译(修订版)》,贵州人民出版社,2009 年,第 170 页。

是军队中的高官,故称"大亚"。询簋铭文中有"成周走亚",可推想"大亚"是"成周八师"中的高级军官,不排除这种沿用商代旧称谓的军官由殷遗民贵族充任的可能。

从《国语·齐语》"管子于是制国"一节来看,他的兵农合一的居民组织,其目的在于"五乡一帅,故万人为一军,五乡之帅帅之"。这样十五个士乡便组成了三军,"是故卒伍整于里,军旅整于郊。内教既成,令勿使迁徙。伍之人祭祀同福,死丧同恤,祸灾共之。人与人相畴,家与家相畴,世同居,少同游。故夜战声相闻,足以不乖;昼战目相见,足以相识。其欢欣足以相死。居同乐,行同和,死同哀。是故守则同固,战则同强。君有此士也三万人,以方行于天下,以诛无道,以屏周室,天下大国之君莫之能御"。① 这把组成军队的人平时应该居住在一起的理由论述得很充分了。想必成周八师的居住规划,也是出于同样的目的。

由此可见,兵农合一的成周八师可以有不同的管理系统。一种是作为军事训练和作战指挥的系统,即"师氏"和"大亚"等。一种是专门事务的主管,如专管种植、仓廪、畜牧、诉讼等事务的,在矢令彝中则称为"诸尹"。还有一种是负责居民区的日常管理的,这就是"里君"。因此,成周地区的"里"应该可以分为两大类,一类是编成八师的居民区,那里存在按地域划分的低于"师"一级的众多的"里",一类是属于"师氏""大亚""诸尹"以及他们的办事人员的居民区,那里同样也应该有"里"的设置,也有"里君"来负责日常管理。所以,我们不应该把西周的"里君"看作是和《周礼》的"里宰"一样职务卑微的小吏,而应视为一种重要的社会角色。

至于手工工匠的聚居区,可能是一种特区,在地区上或许也划归"里",是否另设"里君"则不可知。他们的主管者应该是矢令彝铭中提到的"百工",在髟簋铭文中则缺如。从《国语·齐语》可以看到,管子在制国时是"制国以为二十一乡:工商之乡六;士乡十五"。② 在地域区划时给了手工工匠和商贾很大的地盘,几乎占了士乡的一半以上。这在工商业发达的齐地是很有道理的,齐国的强盛不仅靠的是兵强,还依靠了国富。工商之乡在地域性组织上的重要性,从周代都城的考古发现中也得到证实。所以研究西周社会历史,不能过分依赖《周礼》,而应该放眼全部先秦典籍而吸取其合理的部分。

---

① 上海师范大学古籍整理研究所校点:《国语》,第 232 页。
② 上海师范大学古籍整理研究所校点:《国语》,第 229 页。

第三章 西周时代周原地区基层地域组织研究

《诗·大雅·绵》:"绵绵瓜瓞。民之初生,自土沮漆。古公亶父,陶复陶穴,未有家室。古公亶父,来朝走马,率西水浒,至于岐下。爰及姜女,聿来胥宇。周原膴膴,堇荼如饴。爰始爰谋,爰契我龟,曰止曰时,筑室于兹……"[1]这首诗大约写作于西周晚期,追述了周人先祖古公亶父率众迁徙至岐山脚下的周原。《史记·周本纪》对此的记载是:"(古公亶父)乃与私属遂去豳,度漆、沮,逾梁山,止于岐下。豳人举国扶老携幼,尽复归古公于岐下。及他旁国闻古公仁,亦多归之。"[2]古公亶父迁徙所至的岐山之下就是周原,[3]位于关中平原的西部,其范围包括今天凤翔、岐山、扶风、武功四县的大部分,兼有宝鸡、眉县、乾县三县的小部分(图十二)。它北倚岐山,南临渭河,千河和漆水河分别由东西两侧流过,整个原面东西延袤七十余公里,南北宽达二十余公里。[4]

而就在今天岐山县与扶风县之间的周原遗址发现有非常丰富的西周时代遗存,多年来积累了充足的考古学资料,证明这个区域是周人当时在周原居住的中心地区之一。周原在西周时代地位十分重要,西周金文中宗周指的是丰镐,成周指的是洛邑,而单言周时往往指的就是周原,[5]所以周原是有别于宗周和成周之外的,周人的另一处都邑。直至西周末年犬戎入侵之前,周原一直都是西周王朝贵族的聚居之地,是一处都邑级别的邑落,所以也是西周王朝政治、经济和文化的中心之一。因此,位于扶风县和岐山县交界处北部的周原遗址是本章讨论的重点。

---

① 程俊英:《诗经译注》,第 413 页。
② 司马迁:《史记·周本纪》,第 114 页。
③ 史念海:《周原的变迁》,收入氏著:《河山集(二集)》,生活·读书·新知三联书店,1981 年。
④ 史念海:《周原的历史地理与周原考古》,《西北大学学报(哲学社会科学版)》1978 年第7 期。
⑤ 周宏伟:《西周都城诸问题试解》,《中国历史地理论丛》2014 年第 1 期。

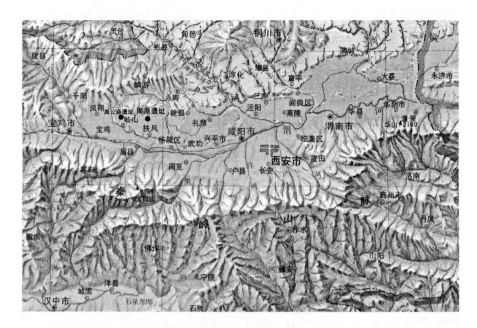

图十二　周原遗址地理位置图

（采自陕西省考古研究院等：《周原——2002 年度齐家制玦作坊和礼村遗址考古发掘报告》，彩版一，科学出版社，2010 年）

第一节　概述周原遗址的考古发现

周原西周时期的考古发现异常丰富，是我们研究西周历史的重要史料。在众多考古发现当中，最引人注目的当属铜器窖藏，根据《吉金铸国史——周原出土西周青铜器精粹》一书附表的统计，[①]在周原范围内发现的西周铜器窖藏多达 123 处。其中扶风县和岐山县交界处的黄堆、法门和京当等乡发现的西周铜器窖藏最为密集（图十三），而这个区域正是上文所述周原遗址的范围。

---

① 北京大学考古文博学院、北京大学古代文明研究中心：《吉金铸国史——周原出土西周青铜器精粹》，文物出版社，2002 年，第 312 页。

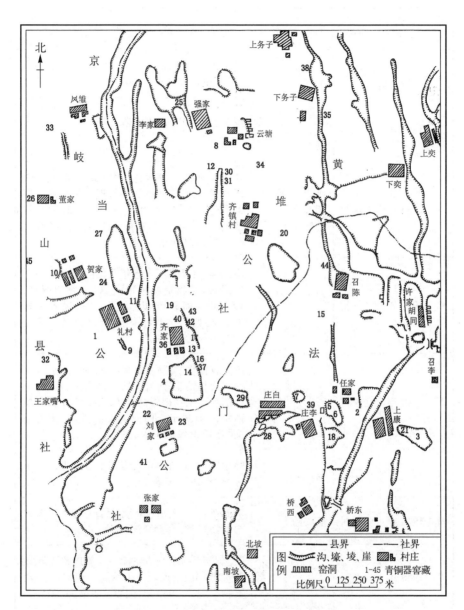

图十三　周原遗址部分铜器窖藏分布图①

（由罗西章：《扶风出土的商周青铜器》图二改绘，《考古与文物》1980 年第 4 期。图中所示窖藏地点详细信息见表一）

——————————

① 由于缩放比例的问题，本图所示齐家村周边铜器窖藏的相对位置与图十七稍有差异，关于齐家村周边铜器窖藏分布的详细情况请参看图十七。

表 一

编号	发现时间	地点	主要出土器物	资 料 出 处
1	道光初年	礼村	大盂鼎、小盂鼎等	马承源：《商周青铜器铭文选（三）》，文物出版社，1988 年，第 37—44 页。
2	1890 年	任家村	克钟、克鼎及中义父鼎等铜器 120 余件	罗振玉：《贞松堂集古遗文》，1931 年，卷三，第 35 页。
3	1933 年	上康村	函皇父器组、函交仲簠 1、会妘鼎 1	陕西省博物馆、陕西省文物管理委员会：《陕西省博物馆、陕西省文物管理委员会藏青铜器图释》，文物出版社，1960 年，第 21 页。罗西章：《扶风新征集了一批西周青铜器》，《文物》1973 年第 11 期。
4	1936 年	齐家村	蕉叶夔纹铜罍 2	尚志儒等：《陕西省近年收集的部分商周青铜器》，《文物资料丛刊》(2)，文物出版社，1978 年。周原扶风文管所：《扶风齐家村七、八号西周铜器窖藏清理简报》，《考古与文物》1985 年第 1 期。
5	1940 年	任家村	梁其、善夫吉父器组	陕西省博物馆、陕西省文物管理委员会：《陕西省博物馆、陕西省文物管理委员会藏青铜器图释》，文物出版社，1960 年，第 21 页。罗西章：《扶风出土的商周青铜器》，《考古与文物》1980 年第 4 期。
6	1942 年	任家村	禹鼎 1	徐中舒：《禹鼎的年代及其相关问题》，《考古学报》1959 年第 3 期。
7	1946 年	庄白村	夔纹鼎 1	罗西章：《扶风出土的商周青铜器》，《考古与文物》1980 年第 4 期。
8	1950 年	云塘村	父丙尊 1，父乙方鼎 1	陕西省考古研究所、陕西省文物管理委员会、陕西省博物馆：《陕西出土商周青铜器（三）》，文物出版社，1980 年，图版说明第 11 页。
9	1953 年	礼村	鼎 1，瓿 1，爵 1，尊 1，觯 1	陕西省博物馆、陕西省文物管理委员会：《陕西省博物馆、陕西省文物管理委员会藏青铜器图释》，文物出版社，1960 年，第 12 页。
10	1955 年	贺家村	甗 1，卣 1	陕西省考古研究所、陕西省文物管理委员会、陕西省博物馆：《陕西出土商周青铜器（一）》，文物出版社，1979 年，图版说明第 4 页。

编号	发现时间	地点	主要出土器物	资 料 出 处
11	1957 年	礼村	弓鼎 2	祁健业：《岐山县博物馆近几年来征集的商周青铜器》，《考古与文物》1984 年第 5 期。
12	1958 年	云塘村	单盉 1	陕西省考古研究所、陕西省文物管理委员会、陕西省博物馆：《陕西出土商周青铜器(三)》，文物出版社，1980 年，图版说明第 14 页。
13	1958 年	齐家村	它鬲等 2 件	程学华：《宝鸡扶风发现西周铜器》，文物 1959 年第 11 期。
14	1960 年	齐家村	幾父壶、柞钟等 39 件	陕西省文物管理委员会：《陕西兴平、凤翔发现铜器》，《文物》1961 年第 7 期。陕西省博物馆、陕西省文物管理委员会：《扶风齐家村青铜器群》，文物出版社，1963 年。
15	1960 年	召陈村	散伯车父器等 19 件	史言：《扶风庄白大队出土的一批西周铜器》，《文物》1972 年第 6 期。
16	1961 年	齐家村	瑪我父簋 3	赵学谦：《陕西宝鸡、扶风出土的几件青铜器》，《考古》1963 年第 10 期。
17	1963 年	齐家村	它器等 6 件	梁星彭、冯孝唐：《陕西长安、扶风出土西周铜器》，《考古》1963 年第 8 期。
18	1963 年	庄李村	铜鼎 1、铜簋 4	雒忠如：《扶风县又出土了周代铜器》，《文物》1963 年第 9 期。
19	1966 年	齐家村	甬钟 2	罗西章：《扶风出土的商周青铜器》，《考古与文物》1980 年第 4 期。
20	1966 年	齐镇村	甬钟 2，豆 1	周文：《新出土的几件西周铜器》，《文物》1972 年第 7 期。罗西章：《扶风出土的商周青铜器》，《考古与文物》1980 年第 4 期。
21	1966 年	康家村	觥盖等 2 件	周文：《新出土的几件西周铜器》，《文物》1972 年第 7 期。北京大学考古文博学院等：《吉金铸国史——周原出土西周青铜器精粹》，文物出版社，2002 年，第 313 页。
22	1972 年	刘家村	甬钟 1，铜镜 1，辖 1	罗西章：《扶风出土的商周青铜器》，《考古与文物》1980 年第 4 期。
23	1973 年	刘家村	环带纹盂 1	罗西章：《扶风出土的商周青铜器》，《考古与文物》1980 年第 4 期。

编号	发现时间	地点	主要出土器物	资　料　出　处
24	1974 年	贺家村	鼎 2,觯 1	庞文龙:《岐山县博物馆藏商周青铜器录遗》,《考古与文物》1994 年第 3 期。
25	1974 年	强家村	师㝬钟、即簋等 7 件	吴镇烽、雒忠如:《陕西省扶风县强家村出土的西周铜器》,《文物》1975 年第 8 期。
26	1975 年	董家村	鼎、簋、壶、盉等 37 件	庞怀清、镇烽、忠如、志儒:《陕西省岐山县董家村西周铜器窖穴发掘简报》,《文物》1976 年第 5 期。
27	1976 年	贺家村	鬲 1,觯 1	庞文龙:《岐山县博物馆藏商周青铜器录遗》,《考古与文物》1994 年第 3 期。
28	1976 年	庄白村	微史家族作器等 103 件	陕西周原考古队:《陕西扶风庄白一号西周青铜器窖藏发掘简报》,《文物》1978 年第 3 期。
29	1976 年	庄白村	铜甗、簋、匜、盨和簠各 1 件	陕西周原考古队:《陕西扶风县云塘、庄白二号西周铜器窖藏》,《文物》1978 年第 11 期。
30	1976 年	云塘村	白公父器 4,白多父器 4,盨 1	陕西周原考古队:《陕西扶风县云塘、庄白二号西周铜器窖藏》,《文物》1978 年第 11 期。
31	1977 年	云塘村	伯公父簠 1	周原考古队:《周原出土伯公父簠》,《文物》1982 年第 6 期。
32	1977 年	王家嘴	鼎 1,斧 2	陕西省考古研究所、陕西省文物管理委员会、陕西省博物馆:《陕西出土商周青铜器(一)》,文物出版社,1979 年,图版说明第 3 页。
33	1978 年	凤雏村	鼎 1,簋 1,甗1,盨 2,共 5 件	陕西周原考古队:《陕西岐山凤雏村西周青铜器窖藏简报》,《文物》1979 年第 11 期。
34	1981 年	云塘村	残鼎足 2	陕西周原扶风文管所:《周原西周遗址扶风地区出土几批青铜器》,《考古与文物》1982 年第 2 期。
35	1981 年	下务子	弦纹鼎 1,师同鼎 1	陕西周原扶风文管所:《周原发现师同鼎》,《文物》1982 年第 12 期。
36	1982 年	齐家村	铜鼎 1、铜盨 1、陶器 3	周原扶风文管所:《扶风齐家村七、八号西周铜器窖藏清理简报》,《考古与文物》1985 年第 1 期。
37	1984 年	齐家村	珊我父簋盖等 7 件	周原扶风文管所:《扶风齐家村七、八号西周铜器窖藏清理简报》,《考古与文物》1985 年第 1 期。

编号	发现时间	地点	主要出土器物	资　料　出　处
38	1985 年	下务子	鼎 1	北京大学考古文博学院、北京大学古代文明研究中心：《吉金铸国史——周原出土西周青铜器精粹》，文物出版社，2002 年，第 315 页。
39	1987 年	庄李村	铜簋 2、簋盖 1	北京大学考古文博学院、北京大学古代文明研究中心：《吉金铸国史——周原出土西周青铜器精粹》，文物出版社，2002 年，第 313 页。
40	1993 年	齐家村	鼎 1	北京大学考古文博学院等：《吉金铸国史——周原出土西周青铜器精粹》，文物出版社，2002 年，第 312 页。
41	1994 年	刘家村	王盂圈足底 1	罗西章：《西周王盂考——兼论芽京地望》，《考古与文物》1998 年第 1 期。
42	1995 年	齐家村	戈父己鼎 1	北京大学考古文博学院等：《吉金铸国史——周原出土西周青铜器精粹》，文物出版社，2002 年，第 312 页。
43	1997 年	齐家村	铜罍 2	北京大学考古文博学院等：《吉金铸国史——周原出土西周青铜器精粹》，文物出版社，2002 年，第 312 页。
44	1998 年	召陈村	甬钟 1	罗西章：《陕西周原新出土的青铜器》，《考古》1999 年第 4 期。
45	2013 年	贺家村	车马器 95、乐器 1、工具 6 件	岐山县周原博物馆：《陕西周原遗址贺家村车马器窖藏清理简报》，《中国国家博物馆馆刊》2015 年第 11 期。

　　除了铜器窖藏之外，周原的另一项重要考古发现就是西周建筑基址。

　　1976 年在岐山县凤雏村发掘了一座大型建筑基址，即凤雏甲组建筑基址，在此次发掘的 H11 中还出土了大批卜甲和卜骨。[①] 凤雏建筑基址并非孤立的一座基址，在其附近还发现有其他的建筑基址（凤雏乙组建筑基址就在甲组基址西侧），但详细的发掘资料尚未发表。[②] 2014 年，就在甲组基址

[①] a. 陕西周原考古队：《陕西岐山凤雏村西周建筑基址发掘简报》，《文物》1979 年第 10 期。

　　b. 陕西周原考古队：《陕西岐山凤雏村发现周初甲骨文》，《文物》1979 年第 10 期。

[②] a. 陕西周原考古队：《陕西岐山凤雏村西周建筑基址发掘简报》，《文物》1979 年第 10 期。

　　b. 杜金鹏：《周原宫殿建筑类型及其相关问题探讨》，《考古学报》2009 年第 4 期。

南边约 40 米处又发掘了三号和四号基址,其中四号基址位于三号基址东南角,二者相距 9 米,可能为三号基址的附属部分,面积较小且保存状况差,平面布局不甚清晰。① 三号基址规模宏大,整体呈"回"字形布局,在庭院中发现有立石和铺石遗迹。该基址建造于西周早期,至西周晚期废弃,其性质为举行社祀仪式的社宫遗址。②

自 1976 年开始,在扶风县召陈村北发掘了西周建筑基址 15 处,分为上下两层,是属于时间不同的两组建筑。下层建筑可能建于周初,上层建筑群则是西周中期建造的。③

周原考古队自 1999 年秋季开始在扶风县黄堆乡云塘村西南约 300 米、齐镇西北约 200 米处发掘了云塘西周建筑基址,同时发掘的齐镇建筑基址位于齐镇村西北、云塘建筑基址群以东 50 米,这两处建筑基址之间当有一定关系。此次共发掘西周夯土建筑基址九座,以及围墙、石片坑等,其中建筑基址的使用年代均在西周晚期。④ 2002 年,周原考古队对云塘、齐镇建筑基址进行了第二次发掘,发现西周晚期建筑基址 1 座(编号 F10)、水井 1 眼(编号 J1)及大量成片分布的夯土遗迹。⑤

此外,在周原还发现了多处手工业作坊遗址。

1976 年在扶风县云塘村西南约 300 米处发掘了一处制骨作坊遗址,共清理灰坑 19 个,墓葬 20 座,出土石器、陶器、铜器、骨器等近 200 件,还出土了两万多斤废骨料和大量的陶片。⑥

周原考古队自 2003 年开始对扶风县庄李村西的铸铜作坊遗址进行了三次发掘,清理了多座灰坑和墓葬,灰坑中出土了大量的陶范、陶管等与铸铜行为相关的遗物,⑦根据雷兴山的研究,在 2003IVB3M2 中出土了一件铸铜用的陶管(IVM2∶19),同样形制的陶管在庄李铸铜遗址的灰坑中也有发

---

① 周原考古队:《陕西宝鸡市周原遗址 2014~2015 年的勘探与发掘》,《考古》2016 年第 7 期。
② 周原考古队:《周原遗址凤雏三号基址 2014 年发掘简报》,《中国国家博物馆馆刊》2015 年第 7 期。
③ 陕西周原考古队:《扶风召陈西周建筑群基址发掘简报》,《文物》1981 年第 3 期。
④ 周原考古队:《陕西扶风县云塘、齐镇西周建筑基址 1999~2000 年度发掘简报》,《考古》2002 年第 9 期。
⑤ 陕西省考古研究所:《陕西扶风云塘、齐镇建筑基址 2002 年度发掘简报》,《考古与文物》2007 年第 3 期。
⑥ 陕西周原考古队:《扶风云塘西周骨器制造作坊遗址试掘简报》,《文物》1980 年第 4 期。
⑦ a. 周原考古队:《陕西周原遗址发现西周墓葬与铸铜遗址》,《考古》2004 年第 1 期。b. 周原考古队:《2003 年秋周原遗址(IVB2 区与 IVB3)的发掘》,《古代文明》(第 3 卷),文物出版社,2004 年。c. 周原考古队:《陕西扶风县周原遗址庄李西周墓发掘简报》,《考古》2008 年第 12 期。d. 周原考古队:《周原庄李西周铸铜遗址 2003 与 2004 年春季发掘报告》,《考古学报》2011 年第 2 期。

现,从而证明墓葬主人与该遗址的铸铜行为有关,他们很有可能就是直接参与铸铜活动的手工工匠。①

扶风县齐家村西周制玦作坊遗址于 1989 年调查发现,②2002 年进行发掘,揭露灰坑 97 个,墓葬 41 座,房址 5 座,果蔬储藏坑 1 座。③ 与该制玦作坊遗址同时共存的西周墓葬有 38 座,这些墓葬中有随葬制玦工具、完整石玦以及石玦残次品,证明其中 23 座西周墓的墓主人生前直接与制玦活动有关联。④

最后,周原还有很多重要的西周墓葬发现,例如:

1963 年,陕西省考古研究所岐山考古队在岐山县贺家村西北发掘墓葬 54 座、车马坑 1 座,这 54 座墓葬都属中小型长方形土坑墓,墓底未见腰坑,随葬陶器以鬲、罐为主,不见簋、豆、盂等器形。这批墓葬的年代为先周晚期至西周早期。⑤ 1973 年冬,为配合当地平整土地工程,在岐山县贺家村发掘了 10 座规格稍大的墓葬,同时还清理了几座小墓。⑥ 1976 年春季至 1978 年夏季,陕西周原考古队在贺家村附近三个地点发掘了西周墓葬 57 座、车马坑 4 座。⑦ 其中第一地点位于贺家村西北 200 米处,在这里发掘了 48 座西周墓和 3 座车马坑。第二地点在贺家村南砖厂附近,清理了 6 座墓葬、1 座车马坑。第三地点在贺家村东、礼村北边的壕内,发掘了墓葬三座,这三座墓在底部都有椭圆形腰坑,腰坑内殉狗,而其余两个地点发掘的 54 座墓葬都没有腰坑。此次发掘的墓葬年代从先周时期一直延续到西周晚期。

1972 年 4 月,陕西省文物管理委员会在扶风县刘家村发掘西周早期墓 1 座,墓中共随葬青铜器 17 件,同时还有铅制的盉、盘、卣各 1 件,以及玉器、陶器等。⑧ 随葬铜器中有三件懂季遽父为其妻丰姬作器,分别是两件铜卣

①　雷兴山:《论周原遗址西周时期手工业者的居与葬——兼谈特殊器物在聚落结构研究中的作用》,《华夏考古》2009 年第 4 期。

②　罗西章:《扶风齐家村西周石器作坊调查记》,《文博》1992 年第 5 期。

③　陕西省考古研究院、北京大学考古文博学院、中国社会科学院考古研究所,周原考古队:《周原——2002 年度齐家制玦作坊和礼村遗址考古发掘报告》,科学出版社,2010 年,第 10 页。

④　孙周勇:《西周手工业者"百工"身份的考古学观察——以周原遗址齐家制玦作坊墓葬资料为核心》,《华夏考古》2010 年第 3 期。

⑤　徐锡台:《岐山贺家村周墓发掘简报》,《考古与文物》1980 年第 1 期。

⑥　陕西省博物馆、陕西省文物管理委员会:《陕西岐山贺家村西周墓葬》,《考古》1976 年第 1 期。

⑦　陕西周原考古队:《陕西岐山贺家村西周墓发掘报告》,《文物资料丛刊》(8),文物出版社,1983 年,第 77—94 页。

⑧　陕西省考古研究所、陕西省文物管理委员会、陕西省博物馆:《陕西出土商周青铜器(三)》,文物出版社,1980 年,第 48—61 页。

(丰 M：1、2)和一件铜尊(丰 M：3)，说明墓主人可能是丰姬。丰姬是来自丰国的姬姓女子，嫁与懂季遹父为妻。1981 年，陕西周原考古队在扶风县刘家村西南发掘一处墓地，①已清理各时期墓葬共 52 座，其中包括 20 座姜戎墓葬，这 20 座墓葬多为偏洞室墓，随葬陶器的器形有高领乳状袋足分裆鬲、单耳罐、折肩罐、双耳罐、腹耳罐、双大耳罐、圈足杯等，墓葬年代从殷墟二期一直延续至商周之际。②

1975 年扶风县庄白村西南发现一座西周中期的土圹竖穴墓，根据墓中出土铜器铭文可知墓主人叫䍗，又称伯䍗。③ 该墓中随葬有青铜爵 2 件、觯 1 件、饮壶 2 件、贯耳壶 1 件等多件酒器。根据随葬铜器铭文可知䍗称其祖为"文且乙公"，妣为"文妣日戊"，又称其父为"文考甲公"，母为"文母日庚"，皆为日名。

1978 年 8 月，陕西周原考古队在扶风县齐家村村东的土壕内发掘了 30 座西周时期墓葬，发掘简报对其中的十九号墓(编号 FQM19)进行了报道。④ 该墓为长方形土坑竖穴墓，墓底中间有一圆角长方形腰坑，坑内殉一犬。墓中共出土铜器 12 件、陶器 41 件、玉器 21 件，铜器器形有尊、提梁卣、爵、觯、瓿等，陶器中包含有尊、卣、瓠、爵、觯等仿铜陶礼器，发掘简报把墓葬年代断在穆王、恭王之际，墓葬的主人应该是殷遗民。1989 年，在齐家村东壕的东北角发现墓葬 12 座，清理了 8 座，随葬品主要是簋、罐、鬲等陶器，另外还有玉石器、货贝等，这次清理的墓葬年代大多为西周中期或晚期。⑤

1980 年，在岐山县王家嘴村北的断崖上发掘墓葬 2 座、马坑 1 座。⑥ 其中的一座墓编号 WM1，在其墓室东壁有两个壁龛，内置随葬品，分别为晚商风格铜鼎两件，西周早期的陶罐一件。另外，WM1 中还随葬一件周人风格的瘪裆鬲，所以 WM1 的墓主人为周人，其年代应为西周早期。

1980 年，在扶风县黄堆村发现一处大面积的西周墓地，同时发掘了其中的 5 座墓葬和 3 座车马坑，墓葬大都遭到盗掘及破坏，但仍有大量的铜、陶、玉石器出土。⑦ 1992 年，又在黄堆村老堡子涝池北的土壕内清理了 11

① 陕西周原考古队：《扶风刘家姜戎墓葬发掘简报》，《文物》1984 年第 7 期。
② 雷兴山：《周原遗址刘家墓地分析》，《考古学研究》(七)，科学出版社，2008 年。
③ 扶风县文化馆、陕西省文管会：《陕西扶风出土西周伯䍗诸器》，《文物》1976 年第 6 期。
④ a. 陕西周原考古队：《陕西扶风齐家村十九号西周墓》，《文物》1979 年第 11 期。b. 曹玮：《周原出土青铜器》第八卷，四川出版集团、巴蜀书社，2005 年，第 1552—1617 页。
⑤ 罗西章：《扶风齐家村西周墓清理简报》，《文博》1990 年第 3 期。
⑥ 巨万仓：《陕西岐山王家嘴、衙里西周墓葬发掘简报》，《文博》1985 年第 5 期。
⑦ 陕西周原考古队：《扶风黄堆西周墓地钻探清理简报》，《文物》1986 年第 8 期。

座残墓和 1 座车马坑,出土各类遗物千余件。① 1995 年周原博物馆又在老堡子清理发掘墓葬 16 座、马坑 2 座。② 1996 年同样在老堡子又清理发掘了墓葬 8 座、大型车马坑 2 座。③ 上述 4 次发掘的是同一块墓地,该墓地多为大、中型墓,墓葬规格比较高,多座墓中都随葬有拆散的马车,少数墓葬在墓底挖设腰坑,该墓地墓葬的年代集中于西周中晚期。

1981 年,在扶风县强家村强家沟发现一座西周中期的土坑竖穴墓,④出土随葬品有铜、陶、玉器及料珠管等 600 余件,铜器中有铭文者凡四件,包括两件夷伯夷作簋(81FQM1:5、6)和两件伯几父作簋(81FQM1:7、8),尚且无法断定墓主人究竟是谁。

2012 年发掘的姚家墓地位于周原遗址的东部边缘,经过全面钻探,在整个墓地范围之内总共发现 132 座西周墓葬(或马坑),其中有两座是带墓道的大墓,在此基础上选择发掘了 44 座墓葬,并清理马坑和车马坑各 1 座。该墓地被划分为南北两区,北区墓葬的墓向为南北向,而且规模大、等级高,南区墓葬的墓向为东西向,均为小型墓。种建荣认为北区的南北向墓葬没有腰坑、殉人及殉牲,存在毁兵葬俗,其墓主为周系民族,而南区的东西向墓葬有腰坑和殉狗、殉牲,墓主为商系民族。⑤

第二节　周原遗址居民族属研究

上文简略介绍了周原遗址各类考古发现的情况,若要运用这些考古发现的资料来研究当时居民社会组织问题,首要问题即分析这些遗存背后人群的族属情况。周原遗址发现的大量窖藏和墓葬中出土的丰富遗物,包含了众多与窖藏主人或墓葬主人身份、族属密切相关的各类信息,尤其是铭文铜器,为我们研究族属问题提供了比较直接的证据。

周原发现的数量众多的西周青铜器窖藏大都形成于西周末年,当时的

---

①　a. 罗红侠:《扶风黄堆老堡西周残墓清理简报》,《文博》1994 年第 5 期。b. 罗红侠:《扶风黄堆老堡三座西周残墓清理简报》,《考古与文物》1994 年第 3 期。

②　周原博物馆:《1995 年扶风黄堆老堡子西周墓清理简报》,《文物》2005 年第 4 期。

③　周原博物馆:《1996 年扶风黄堆老堡子西周墓清理简报》,《文物》2005 年第 4 期。

④　a. 周原扶风文管所:《陕西扶风县强家一号西周墓》,《文博》1987 年第 4 期。b. 曹玮:《周原出土青铜器》第八、九卷,四川出版集团、巴蜀书社,2005 年,第 1730—1875 页。

⑤　a. 种建荣:《周原遗址姚家墓地结构分析》,《华夏考古》2018 年第 5 期。b. 陕西省考古研究院、北京大学考古文博学院、宝鸡市周原博物馆:《周原遗址东部边缘:2012 年度田野考古报告》,上海古籍出版社,2018 年。

周原以及丰镐地区战乱频仍,社会动荡不安,直至最后犬戎入侵、周王室东迁,西周王朝彻底宣告灭亡。在这期间,居住在周原的诸个贵族家族为躲避战火,纷纷选择向东迁徙。这些贵族们拥有大量的青铜重器,不易于长途运输,于是便将其埋藏在窖穴之中。① 而周原各个青铜器窖藏的附近往往还发现有相当规模的西周晚期建筑遗存,窖藏和居住遗址有着密切的联系,这些建筑基址有可能就是铜器窖藏主人生活居住的宅院。② 青铜重器本身就不便于远距离搬运,当犬戎入侵之时,形势急迫,铜器的主人或是在其住宅附近临时挖建新的窖穴以安放铜器,又或是直接将这些重器就近埋藏在附近旧有的窖穴内,这样做有可能也是为了将来重回周原开启窖藏时易于寻找窖藏的具体地点,③只是随着西周王朝的灭亡,周原的这些铜器窖藏也就一直留存了下来。简而言之:在周原遗址发现的青铜器窖藏多为某一贵族家族所拥有,而且窖藏的埋藏地点就在这些贵族居住的宅院附近,这些贵族家族大都是世代聚居于此,通过对窖藏中出土铜器铭文的分析,便可以得知某些窖藏所属家族的族属,从而可以进一步对居住在周原遗址的西周贵族家族的居住模式进行研究。

除了铜器窖藏之外,在周原遗址还发现了数量十分丰富的西周墓葬遗存,通过对墓葬的埋葬习俗,以及墓中的随葬品(尤其是铭文铜器)的研究,也可以大致判断部分墓葬主人的族属。虽然不能依靠墓葬的位置来准确定位墓主人生前的居住地,但是至少能说明这些墓主人或其所属家族是居住在周原遗址范围内的,④这对我们认识周原遗址居民族属的复杂性很有帮助。对于墓葬材料反映出的周原人群构成情况,学界已经有一些相关的研究成果,⑤现在前人研究的基础上,选择特征明显的典型例证来进一步加以阐述,同时将族属信息比较明确的窖藏也一并列举如下。

周原遗址的居民基本上可以分为两类人,分别是周人和殷遗民。

1. 周人

周原是西周王朝兴起之地,当地有大量周人贵族和庶民聚居。

1942 年,在扶风县任家村一次出土了铜器一百余件(图十三,6),多下

---

① 郭沫若:《长安县张家坡铜器群铭文汇释》,《考古学报》1962 年第 1 期。
② 丁乙(张长寿):《周原的建筑遗存和铜器窖藏》,《考古》1982 年 4 期。
③ 朱凤瀚:《商周家族形态研究(增订本)》,第 376 页。
④ 朱凤瀚:《商周家族形态研究(增订本)》,第 376 页。
⑤ a. 马赛:《周原遗址西周时期人群构成情况研究——以墓葬材料为中心》,《古代文明》(第 8 卷),文物出版社,2010 年。

落不明,仅有禹鼎一件因收藏人捐献而得以公布。[①] 据称,禹鼎所出之窖藏距离 1940 年发现的善夫梁其、吉父窖藏不远。[②] 鼎铭中有"命禹肖朕祖考政于井邦"一语,朱凤瀚据此认为禹之家族既世代沿袭治理井邦,而至禹时仍称"井邦",则禹之家族当属井氏,[③]如此,则该窖藏属姬姓周人贵族所有。

1955 年,岐山县贺家村同坑出土铜器两件(图十三,10),分别是铜甗 1件,腹内壁铸族氏铭文"戈"字;铜卣 1 件,器内底铸族氏铭文"人"。[④] 这两件铜器形制皆为晚商风格,其铸造者当为殷人,周灭商时被周人掠夺而来,最后埋入贺家村窖藏,所以窖藏的主人应该是周人。

岐山县贺家村附近还有数量众多的西周墓葬分布(贺家村西部尤为密集),目前已经进行过多次小规模的发掘,从已知的墓葬形制及随葬品特征来看,贺家村附近埋葬的人群以周人为主。首先概述一下贺家村的西周墓葬发现情况:1956 年,在贺家村西土壕西周墓葬中出土铜器 6 件,计有鼎 1件、铜泡 4 件、残戈 1 件。[⑤] 有关墓葬的其他信息没有介绍。1963 年,陕西省考古研究所岐山考古队在贺家村西北发掘墓葬 54 座、车马坑 1 座,这 54座墓葬都属中小型、长方形土坑墓,墓底均未见腰坑,随葬陶器以鬲、罐为主,不见簋、豆、盂等器形。发掘简报将这批墓葬的年代断为先周晚期至西周早期。[⑥] 1966 年 12 月在贺家村发现一座西周早期墓葬,[⑦]该墓没有腰坑,随葬铜器的主要作器人是史迷,他有可能就是墓主人。史迷作器的铭文当中不见殷人常用的族徽和日名,[⑧]说明他应该是周人。1973 年冬,为配合当地平整土地工程,在贺家村又发掘了 10 座墓葬,同时还清理了一些小墓,小墓中随葬陶器为刘家文化的高领袋足鬲,[⑨]所以这次发掘部分墓葬的墓主人属姜戎部族,详见下文分析。1976 年春季至 1978 年夏季,陕西周原考古

① 徐中舒:《禹鼎的年代及其相关问题》,《考古学报》1959 年第 3 期。

② 李先登:《禹鼎集释》,《中国历史博物馆刊》1984 年,总第 6 期。

③ 朱凤瀚:《商周家族形态研究(增订本)》,第 348 页。

④ a. 长水:《岐山贺家村出土的西周铜器》,《文物》1972 年第 6 期。b. 陕西省考古研究所、陕西省文物管理委员会、陕西省博物馆:《陕西出土商周青铜器(一)》,文物出版社,1979 年,图版说明第 4 页。c. 北京大学考古文博学院、北京大学古代文明研究中心:《吉金铸国史——周原出土西周青铜器精粹》,文物出版社,2002 年,第 312 页。

⑤ 祁健业:《岐山县博物馆近几年来征集的商周青铜器》,《考古与文物》1984 年第 5 期。

⑥ 徐锡台:《岐山贺家村周墓发掘简报》,《考古与文物》1980 年第 1 期。

⑦ 长水:《岐山贺家村出土的西周铜器》,《文物》1972 年第 6 期。

⑧ a. 张懋镕:《周人不用日名说》,《历史研究》1993 年第 5 期。b. 张懋镕:《周人不用族徽说》,《考古》1995 年第 9 期。

⑨ 陕西省博物馆、陕西省文物管理委员会:《陕西岐山贺家村西周墓葬》,《考古》1976 年第 1 期。

队又在贺家村附近三个地点发掘了西周墓葬 57 座、车马坑 4 座。① 其中第一地点位于贺家村西北 200 米处,在这里发掘了 48 座西周墓和 3 座车马坑。第二地点在贺家村南砖厂附近,清理了 6 座墓葬、1 座车马坑。第三地点在贺家村东、礼村北边的壕内,发掘了墓葬 3 座,这 3 座墓在底部都有椭圆形腰坑,内殉狗,而其余两个地点发掘的 54 座墓葬都没有腰坑。此次发掘的墓葬年代从先周时期一直到西周晚期,随葬陶器的器形大都属周人常用器形。2001 年,周原考古队在贺家村村西发掘了 3 座墓葬和 1 座马坑,②简报公布了其中的两座墓葬,未见有腰坑,随葬陶器器形为联裆鬲、罐。

综合来看,除了 1976—1978 年度发掘的贺家村东第三地点 3 座墓葬,以及部分姜戎部族墓葬以外,其余贺家村墓葬都未见腰坑殉狗的葬俗,随葬陶器以鬲罐为主,带有鲜明的周人特色,墓主人所作铜器铭文中也没有族徽和日名,其族属当是以周人为主。

1960 年在扶风县召陈村西南发现一批窖藏铜器,共 19 件(图十三,15)。其中主要是散伯车父作器 11 件,另有歸叔山父作器 3 件。③ 根据铜器铭文中作器人出现的频次来看,这处铜器窖藏应该是属于散氏家族所有,散氏有可能是姬姓周人贵族。④ 窖藏发掘简报的作者还提出散伯车父有可能是周初辅佐文王的大臣散宜生的后代。

1960 年 10 月,在扶风县齐家村东南的一处窖穴内出土了青铜器 39 件,(图十三,14)其中有铭文者 28 件,主要是中义编钟 8 件、中友父作器 6 件、幾父壶 2 件、柞钟一组 8 件(其中 1 件无铭文)。⑤ 所有的有铭文铜器中成组的器物多为中氏家族作器,中氏家族作器总数也是最多的,其他人作器则相对比较零星。所以,该窖藏铜器以中氏家族作器为主,推测整个窖藏可能都归中氏家族所拥有。林沄先生指出铜器铭文中有“中白(伯)作親(辛)姬緣人朕(媵)壶”(《集成》9667、9668),而出于中氏嫁到辛家的女子自作铜器,其铭文为“辛中姬皇母作尊鼎”(《集成》2582、2583),⑥可见周代的中氏

① 陕西周原考古队:《陕西岐山贺家村西周墓发掘报告》,《文物资料丛刊》(8),文物出版社,1983 年,第 77—94 页。
② 周原考古队:《2001 年度周原遗址(王家嘴、贺家地点)发掘简报》,《古代文明》(第 2 卷),文物出版社,2003 年。
③ 史言:《扶风庄白大队出土的一批西周铜器》,《文物》1972 年第 6 期。
④ 张政烺:《矢王簋盖跋——评王国维〈古诸侯称王说〉》,《古文字研究》第 13 辑,中华书局,1986 年。后收入氏著《张政烺文集:甲骨金文与商周史研究》,中华书局,2012 年。
⑤ a. 陕西省文物管理委员会:《陕西兴平、凤翔发现铜器》,《文物》1961 年第 7 期。b. 陕西省博物馆、陕西省文物管理委员会:《扶风齐家村青铜器群》,文物出版社,1963 年。
⑥ 林沄:《华孟子鼎等两器部分铭文重释》,吉林大学古籍研究所编:《吉林大学古籍研究所建所三十周年纪念论文集》,上海古籍出版社,2014 年,第 16 页。

为姬姓周人贵族。

1961 年,在齐家村东南约 120 米处发现 3 件失盖的铜簋(图十三,16),现场勘查显示这 3 件铜簋可能是出自一圆形窖藏坑内。① 该地点距离 1960 年出土中友父、幾父、柞等人作器的窖藏坑约 150 米。这 3 件铜簋的形制、铭文相同,皆为瑚我父作器。关于瑚氏的族姓,传世的函皇父簋铭文(《集成》4141)中有"瑚妘",又另有周棘生簋铭:"周棘生作楷妘媵滕簋"(《集成》3915),均可证明瑚氏为妘姓。② 1984 年 3 月在距以上窖藏 30 米处又发现一铜器窖藏(图十三,37),出土青铜器 7 件,计方座簋 4 件(其中两件失盖),瑚我父簋盖 3 件。③ 这 3 件瑚我父簋盖可以和 1961 年发现的瑚我父簋扣合,应该原本就是一套礼器。所以这两处窖藏皆为妘姓瑚氏家族窖藏。

1974 年 12 月,强家村西北土壕出土了 7 件铜器(图十三,25),经调查认定这批铜器是出自一处窖藏。④ 该窖藏位于云塘建筑基址西北约 400 米处,其中出土的师㝨钟铭:"师㝨肈作朕烈祖虢季充公幽叔,朕皇考德叔大齍钟……。"即簋铭:"用作朕文考幽叔宝簋,即其万年子子孙孙永宝用。"说明师㝨和即可能同属虢季家族,为姬姓。强家村窖藏应该就是归姬姓虢季家族的这一分支所有。

1976 年 1 月在云塘村南、齐镇建筑基址东约 150 米处,发现一处西周铜器窖藏(图十三,30),出土白公父勺 2 件、白公父壶盖 1 件、白公父盨盖 1 件、重环纹盨 1 件、白多父盨 4 件,共 9 件铜器。⑤ 这批铜器的制作年代为西周晚期,其中白公父器的年代稍早于白多父器。所以,白公父和白多父或为同一家族的前后两代人,这处窖藏应该就是属于该白公父、白多父家族所有。

窖藏中的白公父壶盖铭文为:

　　　　白公父乍叔姬醴壶,万年子子孙孙永宝用。

倘若此器是白公父为其妻叔姬作器,则说明白公父非姬姓。另外,有一件传世铜器白多父作成姬盨(《集成》4419),也能证明白多父不是姬姓。

① 赵学谦:《陕西宝鸡、扶风出土的几件青铜器》,《考古》1963 年第 10 期。
② 林沄:《瑚生簋新释》,《古文字研究》第 3 辑,中华书局,1990 年。后收入《林沄学术文集》,中国大百科全书出版社,1998 年。
③ 周原扶风文管所:《扶风齐家村七、八号西周铜器窖藏清理简报》,《考古与文物》1985 年第 1 期。
④ 吴镇烽、雒忠如:《陕西省扶风县强家村出土的西周铜器》,《文物》1975 年第 8 期。
⑤ 陕西周原考古队:《陕西扶风县云塘、庄白二号西周铜器窖藏》,《文物》1978 年第 11 期。

1977年在云塘村南又发现西周铜器窖藏一处（图十三,31），这处窖藏在上述1976年1月发现的西周铜器窖藏以南,相距仅20多米,出土了一件白公父作铜簠。① 这件铜簠底盖成套,底与盖的形制、大小、纹饰相同,其铸造年代和1976年出土的伯公父作器一样,同为西周晚期,铭文书体风格也十分一致。所以,这件铜簠应该是和1976年发现的白公父器属同一人所作。因此,这两处窖藏都属于非姬姓的白公父、白多父家族,该窖藏出土铜器铭文中未见有日名和族徽,而且出土的铜器也都是周人常用器形,所以白公父、白多父家族当属非姬姓周人贵族家族。同一家族的铜器分两处埋藏的原因是为了保障窖藏铜器的安全。另外,1976年出土的白公父壶盖和盨盖,只见器盖,未见与之相配的器身。所以,不排除白公父、白多父家族可能还有第三处铜器窖藏的可能。

　　1977年在齐家村东土壕内发现一座西周早期的土圹竖穴墓,葬具为一棺一椁,墓主人葬式为仰身直肢,无腰坑,墓中出土铜鼎、簋各一件,以及铜戈、穿孔蛋形器、贝、蚌壳等随葬器物。② 其中铜鼎（77FQM1：1）有铭文“兴乍（作）宝鼎”,所以墓主人应该是名为“兴”,铜戈（77FQM1：3）援折弯,属于明显的“毁兵”葬俗,张明东通过统计、分析考古发掘所见晚商、西周墓葬的毁兵情况、分布地域及流行时期,认为毁兵是周人的一种特殊葬俗,毁兵随葬可能是商周墓葬的区别之一。③ 此次在齐家村东土壕发现的这座西周墓既没有腰坑,也不随葬酒器和商式陶器,其墓主人“兴”很有可能是周人。

　　1980年,在扶风县黄堆村发现一处大面积的西周墓地,同年发掘了其中的5座墓葬和3座车马坑,这些墓葬大都遭到盗掘及破坏,但仍有大量的铜、陶、玉石器出土。④ 1992年,又在黄堆村老堡子涝池北的土壕内清理了11座残墓和1座车马坑,出土各类遗物千余件。⑤ 1995年周原博物馆又在老堡子清理发掘墓葬16座、马坑2座。⑥ 1996年同样在老堡子,又清理发掘了墓葬8座、大型车马坑2座。⑦ 该墓地多为大、中型墓,规格比较高,墓葬年代集中于西周中晚期,多座墓中都随葬有拆散的马车,只有少数墓葬在墓底挖设腰坑,依墓葬形制和葬俗推测,此处墓地墓主人的族属当是以周人

---

① 周原考古队:《周原出土伯公父簠》,《文物》1982年第6期。
② 曹玮:《周原出土青铜器》第七卷,四川出版集团、巴蜀书社,2005年,第1514—1521页。
③ 张明东:《略论商周墓葬的毁兵葬俗》,《中国历史文物》2005年第4期。
④ 陕西周原考古队:《扶风黄堆西周墓地钻探清理简报》,《文物》1986年第8期。
⑤ a.罗红侠:《扶风黄堆老堡西周残墓清理简报》,《文博》1994年第5期。b.罗红侠:《扶风黄堆老堡三座西周残墓清理简报》,《考古与文物》1994年第3期。
⑥ 周原博物馆:《1995年扶风黄堆老堡子西周墓清理简报》,《文物》2005年第4期。
⑦ 周原博物馆:《1996年扶风黄堆老堡子西周墓清理简报》,《文物》2005年第4期。

为主。

1980 年,在岐山县王家嘴村北的断崖上发掘了墓葬 2 座、马坑 1 座。[①]其中编号为 WM1 的一座墓葬的墓室东壁有两个壁龛,内置随葬品,分别为晚商风格铜鼎 2 件,西周早期的陶罐 1 件。另外,WM1 墓中还随葬了 1 件周人风格的瘪裆鬲,据此推断 WM1 的下葬年代为西周早期,墓主人族属为周人。墓中随葬的晚商风格铜鼎有可能是周灭商时劫掠殷人所得。

1981 年,在扶风县强家村的强家沟发现一座西周中期土坑竖穴墓,[②]该墓无腰坑,随葬铜器有鼎 4、鬲 4、甗 1、簋 5、壶 2、盘 1、盉 1 共 18 件,不见铜觚、爵等酒器,铜器中有铭文者凡 4 件,包括两件夷伯夷作簋(81FQM1:5、6)和两件伯几父作簋(81FQM1:7、8),另外还有车马器軎、辖、衔、镳、当卢、方形牌饰等 24 件。随葬陶器有鬲 2、豆 2、罐 1 共 5 件,皆为西周中期周人常用的陶器形式。随葬玉器 550 件组。虽然无法断定墓主人具体是夷伯夷还是伯几父,但是基本上可以断定其族属为周族。

2012 年在周原遗址的东部边缘发掘了姚家墓地,该墓地经过全面钻探之后,在整个墓地范围之内总共发现 132 座西周墓葬(或马坑),其中有两座是带墓道的大墓,在此基础上选择发掘了其中的 44 座墓葬,并清理马坑和车马坑各 1 座。这片墓地被划分为南北两区,北区墓葬的墓向为南北向,而且规模大、等级高;南区墓葬的墓向为东西向,均为小型墓。种建荣认为北区的南北向墓葬没有腰坑、殉人及殉牲,存在毁兵葬俗,其墓主为周系民族,而南区的东西向墓葬有腰坑和殉狗、殉牲,墓主为商系民族,[③]其说可从。

2014 年发掘的凤雏三号基址极可能是一处社祀遗址,[④]有学者提出该基址是殷遗民在周原所建的亳社。[⑤]尽管在三号基址附近发现有同时期殷遗民居住的证据,但是周原的社宫还是应该由周人主持建造和使用才更为合理。凤雏三号基址布局严谨、规模宏伟,是目前在周原遗址发现的面积最大的建筑基址,而且对社神的祭祀在农本社会是非常重要的祭祀行为。这样的一处重要的祭祀场所不太可能由前朝遗民来建造和使用。

---

① 巨万仓:《陕西岐山王家嘴、衙里西周墓葬发掘简报》,《文博》1985 年第 5 期。

② a. 周原扶风文管所:《陕西扶风县强家一号西周墓》,《文博》1987 年第 4 期。b. 曹玮:《周原出土青铜器》第八、九卷,四川出版集团、巴蜀书社,2005 年,第 1730—1875 页。

③ a. 种建荣:《周原遗址姚家墓地结构分析》,《华夏考古》2018 年第 5 期。b. 陕西省考古研究院、北京大学考古文博学院、宝鸡市周原博物馆:《周原遗址东部边缘:2012 年度田野考古报告》,上海古籍出版社,2018 年。

④ a. 周原考古队:《周原遗址凤雏三号基址 2014 年发掘简报》,《中国国家博物馆馆刊》2015 年第 7 期。b. 周原考古队:《陕西宝鸡市周原遗址 2014~2015 年的勘探与发掘》,《考古》2016 年第 7 期。

⑤ 孙庆伟:《凤雏三号建筑基址与周代的亳社》,《中国国家博物馆馆刊》2016 年第 3 期。

在此特别要指出的是姜戎部族,所谓姜戎部族就是姜姓的戎人,属西北地区古羌族的一支,他们与姬姓的周人互相通婚、互为盟友。因此,在周原同样还发现有姜戎部族的墓葬遗存。

1973 年冬,为配合当地平整土地工程,在岐山县贺家村发掘了 10 座墓葬,其中 M1 是一座西周初年的土圹竖穴墓,墓室四周有熟土二层台,在墓葬南头二层台上有一壁龛,其中放置随葬器物(图十四)。① 该墓出土青铜容器有鼎 1、簋 1、卣 2、斝 1、罍 1、瓿 1、斗 1 等,还出土了铜戈、镞、斧、锛、凿、挂缰钩、策柄、銮铃、夔纹铜饰、人面纹铜泡、牛头形铜泡、带钉铜器、石磬、蚌泡等随葬品。② 其中有多件铜器铸造于晚商时期,例如铜簋(总七五 19)、铜卣(总 A[1]017)、铜瓿(总七五 23)、风柱斝(总七五 13)、夔纹銮内戈(总七五 37)等。而且,墓中共出土了三种族氏铭文: ✱(铜瓿,总七五 23)、 ꙮ (铜卣,总 A[1]017)、 ꙮ (铜簋,总七五 19),说明这些铜器属于不同的商代贵族家族。这些铸造于晚商时期、又分别属于不同家族的青铜器共出于一座西周时期的墓葬中,说明这些铜器应该是 M1 墓主人跟随周武王伐商后分得的战利品。③《尚书》中有一篇《分器》,惜正文无存,仅留有序:“武

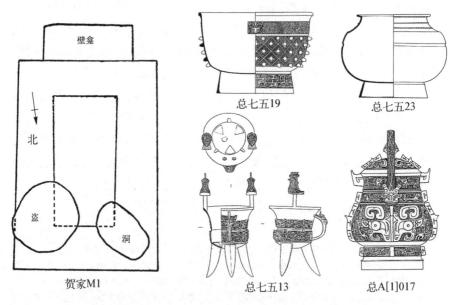

图十四　贺家村 M1 墓葬形制及部分随葬商式铜器

①　陕西省博物馆、陕西省文物管理委员会:《陕西岐山贺家村西周墓葬》,《考古》1976 年第 1 期。
②　曹玮:《周原出土青铜器》第六卷,四川出版集团、巴蜀书社,2005 年,第 1224—1284 页。
③　林沄:《商文化青铜器与北方地区青铜器关系之再研究》,收入《林沄学术文集》,第 263 页。

王既胜殷,邦诸侯,班宗彝,作《分器》。"①所谓"班宗彝"即是指将商人原有的宗庙彝器赏赐给随武王伐商有功的人。关于贺家村 M1 墓主人的族属问题,有两条线索可供参考。首先,该墓在头端挖建壁龛的做法和在宝鸡高家村发掘的刘家文化墓葬相似,②最近发掘的宝鸡石鼓山 M3 也是刘家文化墓葬,该墓同样存在壁龛以及随葬带有不同族氏铭文的多件晚商青铜器。③其次,在这次配合平整土地的工程中还清理了一些小墓,墓中随葬陶器为刘家文化常见的高领袋足鬲。所以,贺家村 M1 应该也是刘家文化墓葬,其墓主人的族属应为姜戎部族。④

1981 年,陕西周原考古队在扶风县刘家村西南发掘了一处墓地,⑤清理各时期墓葬共 52 座,其中包括 20 座姜戎墓葬,这 20 座墓葬多为偏洞室墓,随葬陶器的器形有高领乳状袋足分裆鬲、单耳罐、折肩罐、双耳罐、腹耳罐、双大耳罐、圈足杯等,墓葬年代从殷墟二期至商周之际,⑥其族属为姜(羌)戎部族。

2. 殷遗民

周灭商之后,周王朝将殷商遗民或迁徙至他处加以治理,或分封给诸侯国,随之前往新的封地,当然还有部分殷人留在原居地或受封建立新的诸侯国。⑦ 在周原同样发现有西周时期殷遗民遗存,这些殷遗民有些是自东方被迁徙而来,有的则是稍早之前主动投奔周人而来,现选举典型例证加以说明:

1958 年 1 月在齐家村东南出土了西周晚期铜盂、铜鬲各 2 件,其中两件铜鬲口沿有铭文"它"字(图十三,13)。⑧ 这批铜器应该是出自一处窖藏,⑨窖藏的主人或是以"它"作为氏名的西周殷遗民贵族。1963 年在村东断壑上又发现铜器 6 件(图十三,17),据资料报道者推测可能是出自一处窖

---

① 江灏、钱宗武:《今古文尚书全译》(修订版),贵州人民出版社,2009 年,第 192 页。

② 宝鸡市考古工作队:《陕西宝鸡市高家村遗址发掘简报》,《考古》1998 年第 4 期。

③ a. 石鼓山考古队:《陕西省宝鸡市石鼓山西周墓》,《考古与文物》2013 年第 1 期。b. 石鼓山考古队:《陕西宝鸡石鼓山西周墓葬发掘简报》,《文物》2013 年第 2 期。

④ 邹衡:《再论先周文化》,《夏商周考古学论文集续集》,科学出版社,1998 年,第 263 页。

⑤ 陕西周原考古队:《扶风刘家姜戎墓葬发掘简报》,《文物》1984 年第 7 期。

⑥ 雷兴山:《周原遗址刘家墓地分析》,《考古学研究》(七),科学出版社,2008 年。

⑦ 朱凤瀚:《商周家族形态研究(增订本)》,第 261 页。

⑧ 程学华:《宝鸡扶风发现西周铜器》,《文物》1959 年第 11 期。

⑨ 北京大学考古文博学院、北京大学古代文明研究中心:《吉金铸国史——周原出土西周青铜器精粹》,第 312 页。

藏。① 这 6 件铜器的器形有方彝、方尊、觥、盉、盘和匜，根据铜器形态特征及铭文可将其分为两组：第一组是盉、盘、匜，这三件皆为水器，制作年代为西周晚期，其中的盉、盘上带有铭文"它"，上文所讲的 1958 年曾出土过带"它"字铭文铜器的西周窖藏就在该窖藏西边不远处。所以，这组铜器应该也是归以"它"为氏名的西周贵族家族所有。另一组是方彝、方尊和觥，这三件皆为酒器，制作年代为西周中期，而且皆铸有铭文"作文考日己宝尊宗彝，其子子孙孙万年永宝用。天"，其作器人应该是西周时代的殷遗民。1958 年和 1963 年在齐家村先后发现的这两处铜器窖藏相隔不远，而且都出土有它氏家族作器，所以这两处窖藏应该同属于"它"氏殷遗民贵族家族所有。

1958 年，在扶风县云塘村一铜器窖藏内出土 1 件西周中期的铜盉，其盖内铸有铭文"单"字（图十三，12）。② 这件铜盉的作器人应该是西周时期以"单"为族氏铭文的殷遗民贵族，而窖藏的主人或许就是"单"氏殷遗民贵族。

1960 年 7 月，陕西省文物管理委员会在白家村北壕、齐家村谷场边和齐家村东壕发掘了 29 座墓葬。③ 其中齐家村 8 号墓的墓底挖建有腰坑，坑内殉葬一犬，这座墓中随葬青铜礼器为爵 1、觯 1，皆为酒器，晚商时期，商人墓葬重视随葬青铜酒器，以觚和爵相配套，而西周时周人则重视随葬青铜鼎、簋等食器。齐家村 8 号墓随葬的铜爵上有日名"父丁"，铜觯上铸有日名铭文"父己"，这座墓的下葬年代为西周早期，其墓主人应该是殷遗民。此外，同篇发掘简报公布的 5 号墓、16 号墓及 33 号墓都有腰坑，有的还在腰坑内殉犬，所以这三座墓的墓主人有可能也是殷遗民。

1978 年 8 月，陕西周原考古队又在齐家村的村东壕发掘了 30 座西周墓葬，发掘简报对其中的十九号墓（编号 FQM19）进行了报道。④ 该墓形制为长方形土坑竖穴，墓底中间有一圆角长方形腰坑，坑内殉一犬。墓中共出土铜器 12 件、陶器 41 件、玉器 21 件，铜器中有尊、提梁卣、爵、觯等多件酒器，铜甗（FQM19∶22）上有铭文"乙父🅐"，陶器中豆（FQM19∶11、49）的形制与晚商时期的陶豆十分接近。另外，墓中随葬的仿铜陶礼器中也包含有尊、

① 梁星彭、冯孝唐：《陕西长安、扶风出土西周铜器》，《考古》1963 年第 8 期。
② a. 陕西省考古研究所、陕西省文物管理委员会、陕西省博物馆：《陕西出土商周青铜器（三）》，文物出版社，1980 年，图版说明第 14 页。b. 北京大学考古文博学院、北京大学古代文明研究中心：《吉金铸国史——周原出土西周青铜器精粹》，第 315 页。
③ a. 陕西省文物管理委员会：《陕西扶风、岐山周代遗址和墓葬调查发掘报告》，《考古》1963 年第 12 期。b. 曹玮：《周原出土青铜器》第六卷，第 1072—1079 页。
④ a. 陕西周原考古队：《陕西扶风齐家村十九号西周墓》，《文物》1979 年第 11 期。b. 曹玮：《周原出土青铜器》第八卷，第 1552—1617 页。

卣、觚、爵、觯等酒器,发掘简报把这座墓葬的年代断在穆王、恭王之际,其墓主人应该是殷遗民。

1991 年,在齐家村东发现一处墓地,其中的 M5 是一座西周中期的土坑竖穴墓,墓底有腰坑,随葬铜器有鬲 2、簋 2、尊 1、卣 1、爵 2、觯 1、觚 2、铜饰 1共 12 件,①酒器占有较大比例,其中带铭文的有铜鬲(91FQM5:3)、铜簋2 件(91FQM5:1、2)、铜尊(91FQM5:8)、铜卣(91FQM5:12)、铜觚 2 件(91FQM5:5、6)以及铜爵(91FQM5:11),作器人皆为父乙,铭文末尾多有族徽“亚牧”,另一件铜爵上有铭文“父庚”,初步判定墓主人是殷遗民贵族。

1966 年,在扶风县康家村(即上康村)东土壕出土了犾駿叔觥盖等 2 件铜器(图十三,21),②出土单位有可能是一处窖藏。这件觥盖为周初之器,其铭文首字是一个族徽,所以作器人当是西周时代的殷遗民贵族。

1972 年 4 月,陕西省文物管理委员会在扶风县刘家村发掘西周早期墓1 座,这座墓中共随葬铜器 17 件,同时还有铅盉、铅盘、铅卣各 1 件,以及玉鱼、玉兔、玉蚕、玉蝉、玛瑙串珠、陶鬲、陶罐、陶簋等。③ 随葬铜器中有 3 件憧季遽父为其妻丰姬作器,分别是两件铜卣(丰 M:1、2)和一件铜尊(丰 M:3),说明墓主人应该是丰姬。丰姬是来自丰国的姬姓女子,嫁与憧季遽父为妻。丰姬墓中还随葬有两件虘为父辛作器,一件为爵(丰 M:9),另一件为簋(丰 M:10)。此外,随葬品中有铅质明器和尊、壶、觯等多件青铜酒器,这些都是殷人的葬俗,④所以憧季遽父属殷遗民,丰姬墓发现于刘家村,则殷遗民憧季氏家族当居住在周原。丰姬虽为姬姓周人女子,但是她的墓仍大量采用了其夫家的殷遗民葬俗。⑤

1975 年,扶风县庄白村西南发现一座西周中期的土圹竖穴墓,根据墓中出土的铜器铭文可知墓主人叫戓,又称伯戓。⑥ 戓称其祖为“文且乙公”,妣为“文妣日戊”,又称其父为“文考甲公”,母为“文母日庚”,皆为日名。该墓中随葬有青铜爵 2 件、觯 1 件、饮壶 2 件、贯耳壶 1 件等多件酒器。前人或以为戓是非姬姓诸侯国录国的国君,不确,从其使用日名和随葬多件酒器

① 曹玮:《周原出土青铜器》第九卷,第 1876—1919 页。
② a. 周文:《新出土的几件西周铜器》,《文物》1972 年第 7 期。b. 北京大学考古文博学院、北京大学古代文明研究中心:《吉金铸国史——周原出土西周青铜器精粹》,第 313 页。
③ 陕西省考古研究所、陕西省文物管理委员会、陕西省博物馆:《陕西出土商周青铜器(三)》,第 48—61 页。
④ 辛怡华:《周原——西周时期异姓贵族的聚居地》,《文博》2002 年第 5 期。该文已经指出丰姬墓的腰坑和使用铅制明器是殷墓的特征之一。
⑤ 马赛:《周原遗址西周时期人群构成情况研究——以墓葬材料为中心》,《古代文明》(第 8卷),文物出版社,2010 年,第 152 页。
⑥ 扶风县文化馆、陕西省文管会:《陕西扶风出土西周伯戓诸器》,《文物》1976 年第 6 期。

的情况来看,墓主人戜的族属实为殷遗民。①

庄李铸铜作坊遗址位于扶风县庄李村西,在这里既发现有墓葬,也有灰坑,而且在灰坑中出土了大量的陶范、陶管等与铸铜行为相关的遗物,从而断定其为铸铜作坊遗址无疑,该铸铜作坊的使用年代可以从西周早期一直延续到西周晚期,主要集中在西周晚期。② 庄李铸铜遗址从 2003 年春季到 2004 年春季总共经历了三次发掘,仅就发掘的西周墓葬来说,2003 年春季,发掘了 14 座西周墓葬和 1 座车马坑。③ 2003 年秋季,又发掘了 35 座西周墓葬,根据雷兴山的研究,在 2003 IVB3M2 中出土了一件铸铜用的陶管 IVM2:19,同样形制的陶管在庄李铸铜遗址的灰坑中也有发现,从而证明墓葬主人与该遗址的铸铜行为有关,很有可能就是直接参与铸铜活动的手工工匠。④ 此次发掘简报只具体公布了其中 5 座墓葬的材料,这批墓大多有一棺一椁或单棺,墓室面积较大者如 M2、M17、M48 皆在 4 平方米以上,由于遭到盗掘,只在 M17 中发现了 1 件铜鼎和 1 件铜簋随葬。2004 年春季,又发掘了墓葬 12 座,此次发掘的资料与 2003 年春季发掘的资料一起发表在 2008 年第 12 期《考古》杂志上,总共有 26 座西周墓和 1 座西周时期的车马坑。⑤ 其中墓葬规格最高的 M9,墓室面积在 8 平方米以上,葬具为一棺一椁,随葬品有铜器、陶器、漆器、原始瓷器等 100 余件,墓主人生前应该是社会地位比较高的中小贵族。

这些墓葬的葬俗特征可以帮助解答铸铜工匠们的族属问题。庄李铸铜遗址 2003 年秋季发掘的 35 座墓葬中,有 14 座在墓底挖建腰坑,腰坑内常见殉狗,其中 03 李家 M30 的二层台上还有殉人,这是典型的殷遗民墓葬特征,因为周人墓葬中很少使用殉人。此外,庄李西周墓中随葬有许多商式风格的陶器也能说明其与殷人的渊源关系。周灭商之后,周人对殷人当中有技艺的手工业者采取的是为我所用的政策,这些殷人工匠被周人带到了周原、丰镐及成周等地,凭借其技艺服事于新的周王朝贵族们,所以庄李铸铜作坊的工匠以殷遗民为主。

1976 年 12 月 15 日,在扶风县庄白村南 100 多米的坡地上发现了一处铜器窖藏(图十三,28),编号为庄白一号西周铜器窖藏。第二年春,在南边

① 辛怡华:《扶风庄白戜墓族属考》,《考古与文物》2001 年第 4 期。
② 周原考古队:《周原庄李西周铸铜遗址 2003 与 2004 年春季发掘报告》,《考古学报》2011 年第 2 期。
③ 周原考古队:《陕西周原遗址发现西周墓葬与铸铜遗址》,《考古》2004 年第 1 期。
④ 雷兴山:《论周原遗址西周时期手工业者的居与葬——兼谈特殊器物在聚落结构研究中的作用》,《华夏考古》2009 年第 4 期。
⑤ 周原考古队:《陕西扶风县周原遗址庄李西周墓发掘简报》,《考古》2008 年第 12 期。

距离该窖藏 60 多米处,发掘了一排南北向的石柱础 6 个,柱础间距 3 米左右,未见墙基和地面,所以庄白一号窖藏就埋在当时房屋的附近。① 在这处窖藏内出土了青铜器 103 件,带铭文者 74 件,其中有明确的微史家族作器 55 件,另外还有伯先父𣪘 10 件,两个其他殷遗民贵族商和陵的作器 3 件,剩余铭文铜器无法直接判断其家族归属。微史家族作器在所有已知家族归属的铜器中所占比例最大,这其中包含了该家族前后 4 代人所作的铜器,所以庄白一号窖藏应该为微史家族所有。根据庄白一号窖藏出土史墙盘铭文的记载,微史家族原为商人贵族,武王伐商后,"微史烈祖"乃来见周武王,之后世代为周王朝的史官。所以,微史家族属于西周时的殷遗民贵族,庄白一号窖藏的发现说明该殷遗民家族的一支就居住在周原。

2014 年在凤雏三号基址南边发掘西周时期墓葬 24 座、灰坑 130 余座、房址 5 座,其中西发掘点 20 座墓葬中 16 座带腰坑殉狗,规格较高的 M11 墓主人𦥑鸡可能来自殷代的举族,该墓葬也具有浓郁的商文化风格。以上考古发现反映了该处"居址—墓地"的人群可能是殷遗民,且在此地生活了较长时间。②

一处窖藏内的铜器基本上归同一贵族家族所有,而其中铜器铭文反映出的族属信息可以直接用来断定该窖藏所属贵族家族的族属情况。一座墓葬的埋葬习俗及随葬品形制特征也能反映出与墓主人族属相关的重要信息,尤其是一些特殊的埋葬习俗往往能延续很长时间,是分析墓主人族属时所必须要关注的。通过对周原西周窖藏和墓葬资料的分析,能够发现居住在周原的人群构成情况并不十分单一,除了周人之外,还有与周人结盟的姜戎部族,以及被西周王朝迁来的殷遗民。所以周原虽为周人故地,但西周时代这里的确是有殷遗民和周人杂处的,周原居民大体上就是由周人和殷遗民这两种人共同组成。这些族属来源各不相同的人群一起居住在周原,每个族群中又包含有诸多个不同的家族,面对这种境况,周人统治阶层除了继续利用血缘关系的纽带作用之外,地域性统治模式的采用将会是必然的。

第三节　周原遗址居民居住模式分析

通过上文对周原遗址居民族属问题的分析可知,周原遗址的居民基本

① 陕西周原考古队:《陕西扶风庄白一号西周青铜器窖藏发掘简报》,《文物》1978 年第 3 期。
② 周原考古队:《陕西宝鸡市周原遗址 2014~2015 年的勘探与发掘》,《考古》2016 年第 7 期。

上由周人和殷遗民这两类人组成,这其中周人又包括多个族姓(例如姬姓、妘姓等)的家族,殷遗民族群也是由许多不同家族组成,例如发现于齐家村的它氏家族和发现于庄白村的微史家族,等等。然而,不同族属的人群混居仅仅是地缘组织存在的一个客观条件,欲探知西周时代周原遗址是否存在地域性居民组织,还应从周原遗址的各类考古发现出发,结合出土文字和相关历史文献的记载,对周原遗址居民的居住模式问题做出具体的分析。

1. 周原建筑遗址分析

建筑遗址是古人居住行为直接留存下来的遗迹,因此也是研究居住模式所首要关注的材料。在周原遗址考古发现有多处西周建筑遗址,这些建筑遗址仅从建筑物规格上来看,就存在很大的差异。可以说周原各处建筑遗址的规格高低不一,其中高规格者有如下几个。

扶风齐家村西周大型建筑遗址区。

该建筑区位于齐家村的村东和村北,这片遗址区规模很大,但尚未进行过系统发掘。[①] 1962年秋季,中国社会科学院考古研究所扶风考古队曾在齐家村东一百多米处的断崖上进行发掘,发现有卵石基和夯土柱基。发掘者认为:卵石基础和夯土柱基处于同一平面,可能同是一个大型建筑的组成部分,其年代大致属于西周中期。[②]

岐山县凤雏村建筑基址。

1976年在岐山县凤雏村发掘了一座大型建筑基址,即凤雏甲组建筑基址,该房基南北长45.2、东西宽32.5米,共计1469平方米。整个房基由影壁、门房、前堂、后室和厢房等部分组成。在此次发掘的H11中还出土了大批卜甲和卜骨。[③] 凤雏建筑基址并非孤立的一座基址,在其附近还发现有其他的建筑基址(凤雏乙组建筑基址就在甲组基址西侧),但详细的发掘资料尚未发表。[④] 2014年在甲组基址南侧又发掘了凤雏三号和四号基址。[⑤]

---

① 曹玮:《周原遗址的发掘与窖藏铜器的发现》,《周原遗址与西周铜器研究》,科学出版社,2004年,第58页。

② 中国社会科学院考古研究所扶风考古队:《一九六二年陕西扶风齐家村发掘简报》,《考古》1980年第1期。

③ a. 陕西周原考古队:《陕西岐山凤雏村西周建筑基址发掘简报》,《文物》1979年第10期。
b. 陕西周原考古队:《陕西岐山凤雏村发现周初甲骨文》,《文物》1979年第10期。

④ a. 陕西周原考古队:《陕西岐山凤雏村西周建筑基址发掘简报》,《文物》1979年第10期。
b. 杜金鹏:《周原宫殿建筑类型及其相关问题探讨》,《考古学报》2009年第4期。

⑤ a. 周原考古队:《周原遗址凤雏三号基址2014年发掘简报》,《中国国家博物馆馆刊》2015年第7期。b. 周原考古队:《陕西宝鸡市周原遗址2014~2015年的勘探与发掘》,《考古》2016年第7期。

扶风县召陈村建筑基址。

自 1976 年开始,陕西周原考古队在扶风县召陈村北发掘了西周建筑基址 15 处,依据地层关系可将其分为上下两层,属于时间不同的两组建筑。下层建筑可能建于周初,上层建筑群则是西周中期建造的。① 在召陈村发现的是大型西周建筑基址群,其中 F3 的中柱础直径达 1.9 米,开间达 5.5 米,这些数据说明 F3 是一座十分宏伟的建筑,而其余建筑基址的规模也都很可观。

扶风县云塘、齐镇建筑基址。

云塘、齐镇建筑基址是在周原发掘的又一处十分重要的西周建筑基址,周原考古队自 1999 年秋季开始在扶风县黄堆乡云塘村西南约 300 米、齐镇西北约 200 米处发掘了云塘西周建筑基址群,同时发掘的齐镇建筑基址位于齐镇村西北、云塘建筑基址群以东 50 米处,彼此间当有一定关系。此次发掘一共清理西周夯土建筑基址 9 座,以及围墙、石片坑等。② 2000 年冬季在云塘 F8 南侧约 40 米处作小面积试掘,发现 F1 一组建筑的南部仍有夯土基址分布,当时未作进一步发掘。2002 年,周原考古队对云塘、齐镇建筑基址进行了第二次发掘,在 F1 组建筑群南部发现西周晚期建筑基址 1 座(编号 F10)、水井 1 眼(编号 J1)及大量成片分布的夯土遗迹。③ 这些都能说明云塘、齐镇建筑遗址是一片由多座建筑基址构成的建筑群。总体而言,云塘和齐镇发现的这 10 座西周建筑基址应该属于同一片建筑区,该建筑区的规模和等级都比较高。

周原建筑遗址中规格较低者有齐家村东建筑遗址。

1974 至 1975 年,在扶风县齐家村东发掘出多座夯筑的房屋遗址,未见有正式发掘简报,但据徐锡台撰文介绍:"齐家村建筑基址是高台建筑,每间房屋面积约 12 平方米,设有内外间,即前堂后室。该房屋基址保存残夯土墙基 1.5 米左右,墙厚 58 厘米。其中有一座房屋北墙开着 1 米见方的窗户,窗上有十字架形木条窗棂痕迹。屋内居住面及四面墙壁抹成似猪血色的光面。根据房内出土物,此处房基当属于西周中期。"④从建筑物规格上来看,此次发掘的应该是西周中小贵族或平民建筑居址。

①　陕西周原考古队:《扶风召陈西周建筑群基址发掘简报》,《文物》1981 年第 3 期。
②　周原考古队:《陕西扶风县云塘、齐镇西周建筑基址 1999～2000 年度发掘简报》,《考古》2002 年第 9 期。
③　陕西省考古研究所:《陕西扶风云塘、齐镇建筑基址 2002 年度发掘简报》,《考古与文物》2007 年第 3 期。
④　徐锡台:《周原考古工作的主要收获》,《考古与文物》1988 年 5、6 期合刊。

　　周原遗址考古发现的建筑基址的规格高低不一,这直接反映出其背后的人群身份等级存在差异。与大型建筑基址有关的人群应该是大贵族阶层,而中小型建筑中生活的当是等级较低的贵族或庶民阶层,由此可知高等级贵族和中下层平民同样都是周原遗址的居民。

　　上文已经介绍过周原遗址的建筑遗存大都是成片分布的建筑群,而这几处建筑群基本都不见有统一的布局、且不具备中轴分布的特征。具体例证可以参看云塘、齐镇建筑基址和召陈建筑基址。

　　云塘、齐镇建筑遗址是一片由多座建筑基址构成的建筑群,通过对云塘建筑基址分布规律的分析,可以得知以 F1 为中心的四座建筑基址 F1、F2、F3 和 F8 及围墙构成了一处完整的院落,而位于其西侧的 F5 显然在该院落西围墙之外,不归上述院落所有,所以相对于 F1 组院落而言,F5 是一处独立的建筑(图十五)。有学者研究认为云塘 F1 组建筑与陕西凤翔秦雍城马家庄一号宗庙遗址十分相似,两者均为平面呈“品”字形的封闭式庭院结构,所以其性质可能同样是宗庙。① 目前没发现有明确的证据能说明其为周王的宗庙,从云塘建筑基址附近发现的铜器窖藏的归属情况来看,②这里很有可能是某个西周贵族家族的宗庙。而位于 F1 组建筑西侧的 F5 构筑相对简单,有可能是供人居住的一座建筑,而不是宗庙。从这两组建筑的平面分布图来看,F5 和 F1 组建筑没有经过严整的规划,可能不属于同一个贵族家族。

---

① 徐良高、王巍:《陕西扶风云塘西周建筑基址的初步认识》,《考古》2002 年第 9 期。
② 云塘建筑基址附近发现的铜器窖藏有:1950 年,在云塘村出土了父丙尊和父乙方鼎两件带有晚商风格的铜器(图十三,8),这两件铜器应该是出自铜器窖藏。1958 年,在云塘村一铜器窖藏内出土一件西周中期的铜盉,其盖内铸有铭文“单”字(图十三,12)。这件铜盉的作器人应该是西周时期以“单”为族氏铭文的殷遗民贵族,而窖藏的主人或许就是“单”族贵族。1976 年 1 月在云塘村南发现一处西周铜器窖藏(图十三,30),出土白公父勺 2 件、白公父壶盖 1 件、白公父盨盖 1 件、重环纹盨 1 件、白多父盨 4 件,共 9 件铜器。这批铜器的制作年代为西周晚期,其中白公父器的年代稍早于白多父器。所以,白公父和白多父或为同一家族的前后两代人,这处窖藏应该就是属于该白公父、白多父家族所有。窖藏中的白公父壶盖铭文提到:“白公父乍叔姬醴壶。”倘若此器是白公父为其妻叔姬作器,则说明白公父非姬姓。另外,有一件传世铜器白多父作成姬盨(《集成》4419),也能证明白多父不是姬姓。1977 年在云塘村南又发现西周铜器窖藏一处(图十三,31),这处窖藏在上述 1976 年 1 月发现的西周铜器窖藏以南,相距仅 20 多米,出土了一件白公父作铜簠。这件铜簠底盖成套,底与盖的形制、大小、纹饰相同,其铸造年代和 1976 年出土的伯公父作器一样,同为西周晚期,铭文书体风格也十分一致。所以,这件铜簠应该是和 1976 年发现的白公父器属同一人所作。因此,这两处窖藏都属于非姬姓的白公父、白多父家族,分两处埋藏的原因是为了保障窖藏铜器的安全。

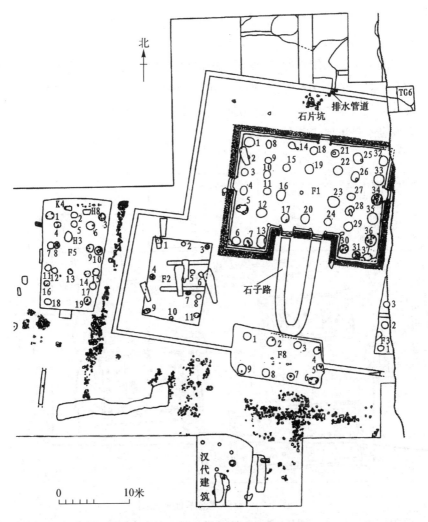

图十五　云塘西周建筑基址群平面图

（采自周原考古队：《陕西扶风县云塘、齐镇西周建筑基址 1999～2000 年度发掘简报》，《考古》
2002 年第 9 期，图二）

　　召陈基址同样是由很多座建筑基址组成的建筑群，在这里一共发掘了
西周建筑基址 15 处，编号为 F1—F15，分为上下两层，其中下层基址两处
（F7、F9），剩余 13 处都属于上层。召陈西周上层建筑群规模巨大，目前已
发掘的 13 处房屋基址仅是其中很小一部分。[①] 在下层基址 F7 内发现有灶
（K1），而且整个召陈建筑遗址出土的陶器也是以鬲、簋、盂、瓮等炊煮及盛
储器为主，所以这片基址群似乎原是居住环境。[②] 而且召陈的这些建筑总

————————

① 陕西周原考古队：《扶风召陈西周建筑群基址发掘简报》，《文物》1981 年第 3 期。
② 杨鸿勋：《西周歧邑建筑遗址初步考察》，《文物》1981 年第 3 期。

体规划不甚严谨,下层建筑基址 F7 和 F9 之间被小排水沟 G2 分隔开来,二者的面向也不一致,F7 面东、F9 面南,所以这两座建筑是相互独立的。上层建筑布局也不是很统一的,从发掘简报提供的甲区、乙区部分基址平面图来看(图十六),虽然杨鸿勋称这里略具不严谨的中轴,[1]但事实上无法为这些建筑基址找出一条明显的轴心,说明这些建筑在当时并未经过统一规划,所以应该也不是单属于某一个家族。

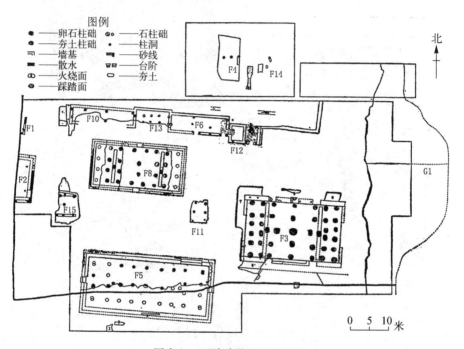

图十六　召陈建筑基址平面图

(采自陕西周原考古队:《扶风召陈西周建筑群基址发掘简报》,《文物》1981 年第 3 期,图四)

召陈建筑群出土陶器的文化因素也并不单一,其中既有联裆鬲、盂等周文化因素,也有属于刘家文化因素的双耳袋足鬲,还有分裆鬲这样的殷遗民文化因素,此外,蛋形瓮是来自今天山西、内蒙古地区的文化因素。文化因素的多元说明其背后人群来源的复杂性。所以,通过对召陈西周建筑遗址本身各项考古发现的分析,能够看出在这里曾经居住着不止一个贵族家族。

综合而言,目前周原考古发现的建筑基址规格高低不一,说明其背后的人群身份等级也各不相同。周原的大型建筑基址群,包括召陈建筑基址群

---

[1]　杨鸿勋:《西周歧邑建筑遗址初步考察》,《文物》1981 年第 3 期。

和云塘、齐镇建筑基址群各座建筑之间都没有按照严格的中轴布局进行分布，也没有直接证据能够证明这些建筑基址是周王或周公的宫殿和宗庙，所以，目前周原发掘的高规格建筑基址不是周王朝的宫殿宗庙区，而是诸多贵族家族的居址及宗庙。而凤雏建筑基址群的性质则更有可能是周王室举行社祀等祭祀活动的场所。

2. 周原遗址考古发现综合分析

周原遗址发现的铜器窖藏往往就埋在窖藏主人生前居住的宅院附近，通过分析窖藏内出土有铭铜器涉及的作器人信息，就能够确定部分窖藏所有人的家族归属。有些铜器窖藏内出土了某个家族连续几代人铸造的铭文铜器，亦可说明该家族可能是累世聚居于周原。就目前发现的窖藏来讲，有的窖藏主人生前身份比较显赫，例如清朝道光初年，在岐山县礼村的一处窖藏内出土了大盂鼎、小盂鼎等铜器。①（图十三，1）其中大盂鼎（《集成2837》）铭记周王命盂"井（刑）乃嗣祖南公"，可知盂的祖先是南公，南公是西周初年的重臣，近年发现的湖北随州叶家山西周曾国墓地即是南公的封国。② 而且大盂鼎本身器形雄伟，又铸有长篇铭文，这足以说明作器人盂身份不低。倘若盂就是礼村窖藏的所有者，那就说明在周原居住有像盂这样的高等级贵族。

又比如1890年在扶风县任家村东南土壕发现一处窖藏（图十三，2），出土有克钟、克鼎及中义父鼎等铜器120余件。罗振玉撰写的《贞松堂集古遗文》著录的克鼎条下写道："此器实出岐山县法门寺之任村任姓家……言当时出土凡百二十余器，克钟、克鼎及中义父鼎均出一窖中，于时则光绪十六年也。"③这处窖藏出土的铜器后大都散佚，作器人克和中义父的族姓不详。还有就是1940年农历二月初一，后来属法门公社庄白大队任家村的农民任玉、任登肖、任登银等，在任家村西南土壕取土时，发现一个铜器窖穴（图十三，5）。窖穴内，铜器整齐地叠放着，共百余件。铜器出土后，大部分被军阀和古董商盗卖至国外，仅几件留存国内，这批窖藏铜器依作器人划分主要就是梁其器组和善夫吉父器组。④ 其中善夫梁其簋铭："善夫梁其乍（作）朕皇

---

① 马承源：《商周青铜器铭文选（三）》，文物出版社，1988年，第37—44页。
② 黄凤春、胡刚：《说西周金文中的"南公"——兼论随州叶家山西周曾国墓地的族属》，《江汉考古》2014年第2期。
③ 罗振玉：《贞松堂集古遗文》卷三，1931年，第35页。
④ a. 陕西省博物馆、陕西省文物管理委员会：《陕西省博物馆、陕西省文物管理委员会藏青铜器图释》，第21页。b. 罗西章：《扶风出土的商周青铜器》，《考古与文物》1980年第4期。c. 陈佩芬：《繁卣、趩鼎及梁其钟铭文诠释》，《上海博物馆集刊》(2)，上海古籍出版社，1983年。

考惠中(仲)……。"(《集成》4149)善夫吉父鬲铭:"善夫吉父乍(作)京姬尊鬲,其子子孙孙永宝用。"(《集成》701)梁其和吉父同既然为善夫,其作器又同出一窖,说明两者属同一家族的可能性很大。① 出自该窖藏的善夫吉父鬲(《集成》701)应该是吉父为其妻京姬作器,所以梁其和吉父所属之家族当非姬姓。西周时代,青铜礼器并非只是代表财富,更是铜器所有者身份和地位的象征。单就从上述两处窖藏中出土铜器数目来看,其所有者生前地位想必是颇高的。

与上述铜器窖藏相比,有些窖藏仅出土若干件青铜器,且不见有长篇铭文,这说明其所有者的身份虽属贵族阶层,但并没有那么显赫。例如1953年,在岐山县礼村的一个铜器窖藏中出土了铜鼎、瓿、爵、尊、觯各1件(图十三,9)。② 又如1976年12月25日,在扶风县庄白村西北土壕断崖上发现铜器窖藏一处(图十三,29),编号为庄白二号窖藏,出土有铜甗、簋、匜、盨和簠各1件。③ 窖藏铭文铜器中簋的作器人是褒姒、盨的作器人是仲大师、甗的作器人是□仲羃父,所以尚且无法判定庄白二号窖藏的主人究竟是谁。但从铜器出土数量来看,窖藏主人应该不属于高等级贵族。

身份更低的普通平民则根本就无青铜重器可窖藏,在周原考古发掘的大量中小型墓葬的墓主人即属这类人群。这些中小型墓葬的随葬品以陶器、石器和骨器为主,基本不见有青铜容器。例如1962年秋在扶风县齐家村发掘了14座西周墓葬,其中长方形竖穴墓的长度在1.6至2.9米之间,宽度在0.56至1.6米之间,随葬品以陶器为主,基本组合为鬲、罐、簋、豆,在九座有陶器的墓葬中,随葬最少的是M110,只有一组4件陶器,没有随葬陶器的墓有4座,它们只出土有贝。④ 所以,依据人们身份等级的差异,可以在周原的考古发现中归纳出大贵族、中小贵族和下层平民的遗存,由此可知周原整体的居住模式是各等级人群杂处。

3. 周原遗址铜器窖藏与建筑基址的对应关系研究

周原遗址的铜器窖藏往往就埋藏在窖藏主人生前居住的宅院附近,所以这些铜器窖藏附近大都发现有相当规模的西周晚期建筑遗存,铜器窖藏

① 中国科学院考古研究所:《美帝国主义劫掠的我国殷周铜器集录》,科学出版社,1962年,第132页,A699梁其壶说明。
② 陕西省博物馆、陕西省文物管理委员会:《陕西省博物馆、陕西省文物管理委员会藏青铜器图释》,文物出版社,1960年,第12页。
③ 陕西周原考古队:《陕西扶风县云塘、庄白二号西周铜器窖藏》,《文物》1978年第11期。
④ 中国社会科学院考古研究所扶风考古队:《一九六二年陕西扶风齐家村发掘简报》,《考古》1980年第1期。

和居住遗址之间存在着密切的联系。① 就铜器窖藏和建筑基址之间的关系问题,还有一个现象值得特别关注,就是目前所见周原遗址的建筑基址多为成片分布,而同一片建筑基址附近往往发现有多处铜器窖藏与之相关,通过窖藏铜器的铭文可以得知:各个铜器窖藏又分别归属于不同的贵族家族,这个现象说明在一处基址群中可能同时居住着若干个不同血缘家族的西周贵族。朱凤瀚在对周原西周贵族家族聚居形态的研究中已经指出:"在这一区域内,相互毗邻的诸贵族家族,并非皆同姓……对于诸贵族家族集聚的这一区域而言,又是一种非血缘的聚居形式。"②朱凤瀚认为周原贵族家族存在非血缘的聚居是可信的,但他进一步认为"贵族家族自身是以一定规模合族而居,即保持一定的血缘聚居形式"③却并不尽然,以扶风县齐家村考古发现为例,在该村村东很小的范围内就发现有许多处归不同贵族家族所有的铜器窖藏,说明这些贵族家族生前处于一种互为邻里的居住状态,下面就来详细分析齐家村的窖藏发现。

上文已经说到,在齐家村发现有西周时期建筑遗址,与齐家村建筑遗址区空间距离迫近的铜器窖藏多达十余处,这些窖藏应该都和建筑基址存在联系。现依各个窖藏的发现时间为序,分述如下:

尚志儒等人所撰写的《陕西省近年收集的部分商周青铜器》一文中曾提到:解放后,在齐家村出土过两件蕉叶夔纹铜罍(图十三,4)。④ 两器形制、花纹全同,均为西周中期作品,只是未言明是否出自窖藏。而《扶风齐家村七、八号西周铜器窖藏清理简报》中的图四上标示的36QJ1出土两罍,⑤文中未说明资料来源,不知1936年发现的这两件窖藏铜罍是否就是尚志儒文中提到的那两件。

1958年1月在齐家村东南出土了西周晚期铜盂、铜鬲各两件,其中两件铜鬲口沿有铭文"它"字(图十三,13)。⑥ 这批铜器应该是出自一处窖藏,⑦窖藏的主人或是以"它"作为氏名的西周殷遗民贵族。1963年在村东断壕

① 丁乙(张长寿):《周原的建筑遗存和铜器窖藏》,《考古》1982年第4期。
② 朱凤瀚:《商周家族形态研究(增订本)》,第381页。
③ 朱凤瀚:《商周家族形态研究(增订本)》,第381页。
④ 尚志儒、吴镇烽、朱捷元:《陕西省近年收集的部分商周青铜器》,《文物资料丛刊》(2),文物出版社,1978年。
⑤ 周原扶风文管所:《扶风齐家村七、八号西周铜器窖藏清理简报》,《考古与文物》1985年第1期。
⑥ 程学华:《宝鸡扶风发现西周铜器》,《文物》1959年第11期。
⑦ 北京大学考古文博学院、北京大学古代文明研究中心:《吉金铸国史——周原出土西周青铜器精粹》,第312页。

上又发现铜器 6 件(图十三,17),据资料报道者推测可能是出自一处窖藏。① 这 6 件铜器的器形有方彝、方尊、觥、盉、盘和匜,根据铜器形态特征及铭文可将其分为两组:第一组是盉、盘、匜,这三件皆为水器,制作年代为西周晚期,其中的盉、盘上带有铭文"它",上文所讲的 1958 年曾出土过带"它"字铭文铜器的西周窖藏就在该窖藏西边不远处。所以,这组铜器应该也归以"它"为氏名的西周贵族家族所有。另一组是方彝、方尊和觥,这三件皆为酒器,制作年代为西周中期,而且皆铸有铭文:"作文考日己宝尊宗彝,其子子孙孙万年永宝用。天。"其作器人应该是西周时代的殷遗民。1958 年和 1963 年在齐家村先后发现的这两处铜器窖藏相隔不远,而且都出土有它氏家族作器,所以这两处窖藏应该同为"它"氏殷遗民贵族家族所有。

　　1960 年 10 月,在齐家村东南的一处窖穴内出土了青铜器 39 件(图十三,14),其中有铭文者 28 件,主要是中义编钟 8 件、中友父作器 6 件、幾父壶 2 件、柞钟一组 8 件(其中 1 件无铭文)。② 所有的铭文铜器中成组的器物多为中氏家族作器,中氏家族作器总数也是最多的,其他人作器则相对比较零星。所以,该窖藏铜器以中氏家族作器为主,推测整个窖藏可能都归中氏家族所拥有。这处窖藏东北距离 1962 年秋季发掘的齐家村卵石基和夯土柱基大约有 100 多米。③ 关于中氏的族姓,林沄先生指出铜器铭文中有"中白(伯)作亲(辛)姬縊人朕(媵)壶"(《集成》9667、9668),而出于中氏嫁到辛家的女子自作铜器,其铭文为"辛中姬皇母作尊鼎"(《集成》2582、2583),④可见周代的中氏为姬姓周人贵族。

　　1961 年,在齐家村东南约 120 米处发现 3 件失盖的铜簋(图十三,16),现场勘查显示这 3 件铜簋可能是出自一圆形窖藏坑内。⑤ 该地点距离 1960年出土中友父、幾父、柞等人作器的窖藏坑约 150 米。这 3 件铜簋的形制、铭文相同,皆为瑚我父作器。关于瑚氏的族姓,传世的函皇父簋铭文(《集成》4141)中有"瑚妘",又另有周棘生簋铭"周棘生作楷妘媵媵簋"(《集成》

① 梁星彭、冯孝唐:《陕西长安、扶风出土西周铜器》,《考古》1963 年第 8 期。
② a. 陕西省文物管理委员会:《陕西兴平、凤翔发现铜器》,《文物》1961 年第 7 期。b. 陕西省博物馆、陕西省文物管理委员会:《扶风齐家村青铜器群》,文物出版社,1963 年。
③ 中国社会科学院考古研究所扶风考古队:《一九六二年陕西扶风齐家村发掘简报》,《考古》1980 年第 1 期。
④ 林沄:《华孟子鼎等两器部分铭文重释》,吉林大学古籍研究所编:《吉林大学古籍研究所建所三十周年纪念论文集》,第 16 页。
⑤ 赵学谦:《陕西宝鸡、扶风出土的几件青铜器》,《考古》1963 年第 10 期。

3915),均可证明琱氏为妘姓。① 1984 年 3 月在距以上窖藏 30 米处又发现
一铜器窖藏(图十三,37),出土青铜器 7 件,计方座簋 4 件(其中 2 件失
盖),琱我父簋盖 3 件。② 这 3 件琱我父簋盖可以和 1961 年发现的琱我父
簋扣合,应该原本就是一套礼器。所以这两处窖藏皆为琱氏家族窖藏。
周原的铜器窖藏形成于西周末年乱世之中,同一套青铜礼器却分两处埋
藏,其目的应该是更好地保障铜器的安全,即便某一处窖藏遭到盗掘,也
不至于损失太大。③ 而这两个埋藏地点相距不远,则是为了方便日后寻找
和开启窖藏。

1966 年秋,在齐家村北发现铜甬钟 2 件(图十三,19),系出土于一建筑
遗址内的灰窖中。④ 这 2 件甬钟皆无铭文。

1982 年 3 月在齐家村西发现西周窖藏一处(图十三,36),出土铜鼎 1、
铜盨 1、三足陶瓮 2、陶茧形壶 1 件。⑤ 铜鼎壁内原有铭文两行六字,但是被
刮抹掉了,这应该是和器物易主有关。铜盨没有铭文,所以尚无法得知窖藏
主人是谁。

1993 年 1 月,在齐家村东北土壕出土铜鼎 1 件(图十三,40),详细资料
尚未发表。⑥

1995 年 9 月 25 日,在齐家村东北土壕出土了戈父己鼎(图十三,42),
详细资料尚未发表。⑦

1997 年 3 月,在齐家村东北土壕出土铜罍 2 件(图十三,43),详细资料
目前尚未发表。⑧

因为齐家村周围的铜器窖藏过于密集,故而将各处窖藏的具体位置标
注于下图(图十七),从而能够对齐家村周边铜器窖藏的分布情况有一个比
较直观的认识。

① 林沄:《琱生簋新释》,《古文字研究》第 3 辑,中华书局,1990 年。后收入《林沄学术文集》。
② 周原扶风文管所:《扶风齐家村七、八号西周铜器窖藏清理简报》,《考古与文物》1985 年第 1 期。
③ 罗西章:《周原青铜器窖藏及有关问题的探讨》,《考古与文物》1988 年第 2 期。
④ 罗西章:《扶风出土的商周青铜器》,《考古与文物》1980 年第 4 期。
⑤ 周原扶风文管所:《扶风齐家村七、八号西周铜器窖藏清理简报》,《考古与文物》1985 年第 1 期。
⑥ 北京大学考古文博学院、北京大学古代文明研究中心:《吉金铸国史——周原出土西周青铜器精粹》,第 312 页。
⑦ 北京大学考古文博学院、北京大学古代文明研究中心:《吉金铸国史——周原出土西周青铜器精粹》,第 312 页。
⑧ 北京大学考古文博学院、北京大学古代文明研究中心:《吉金铸国史——周原出土西周青铜器精粹》,第 312 页。

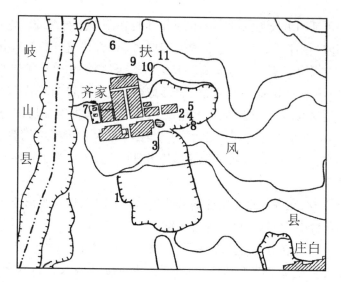

图十七　齐家村铜器窖藏分布图(1∶15 000)

(由周原扶风文管所:《扶风齐家村七、八号西周铜器窖藏清理简报》图四改绘,《考古与文物》1985 年第 1 期)

1. 1936 年出土两件蕉叶夔纹铜罍窖藏,2. 1958 年它器窖藏,3. 1960 年中氏家族窖藏,4. 1961 年瑪我父簋窖藏,5. 1963 年它氏家族窖藏,6. 1966 年出土两件甬钟灰窖,7. 1982 年出土铜鼎、铜盨窖藏,8. 1984 年瑪我父簋盖窖藏,9. 1993 年出土铜鼎,10. 1995 年出土戈父己鼎,11. 1997 年出土铜罍两件

综上所述,扶风县齐家村发现有西周时代的建筑基址,在其附近目前已知有十余处西周铜器窖藏,诸个铜器窖藏的主人当时应该就居住在附近的齐家村建筑区内。通过对窖藏铜器铭文的分析可以得知,每处窖藏基本上都属于某一特定的贵族家族所有,而在齐家村居住区内聚居的这些贵族家族的族属并不统一,这其中包括姬姓和非姬姓的周人贵族家族,以及西周时代的殷遗民家族。尤其是村东的它氏殷遗民家族窖藏(图十七,2、5)和妘姓瑪氏贵族家族窖藏(图十七,4、8)以及村东南的姬姓中氏贵族家族窖藏(图十七,3),空间距离十分迫近,说明这三家贵族生前是互为邻里的居住关系,这些族属、姓氏各不相同的贵族家族集中居住在齐家村西周建筑区内,所以这片建筑区是一处地域性的居住区。

在此还可以周原遗址贺家一带的考古发现为例,该区域在地形地貌上是一个相对独立的单元,范围大致为王家沟以东,贺家沟以西,北起朱家,南到东西两沟交汇处,与周原遗址西周初年始建的小城范围大致重合,王家沟即城墙外的环濠。该城址东墙被西周中期灰坑打破,说明至迟到西周中期城墙已经废弃,之后西周晚期在小城北墙和西墙的基础上又修建了一座规模更大的城址,贺家一带就位于大城的西北角。这一区域大致涵盖了今天的凤雏、董家、贺家和礼村等自然村,其北部是凤雏建筑基址群,是包括周王室社祀遗址在内的大型宫殿基址群。

贺家一带的西周遗存既有窖藏也有墓葬,出土铜器多带有表明作器人身份的铭文。例如传出大、小盂鼎的礼村窖藏,出伯夏父器的贺家窖藏,出裘卫家族器的董家窖藏,出伯尚鼎等的凤雏窖藏,出梁伯敢器的贺家窖藏,等等,而窖藏的主人一般就世居在附近。贺家村以西及附近区域是一处从商末周初一直延续到西周晚期的墓地,历年出自该墓地的具铭铜器有尹丞鼎、史速方鼎、史速角、卫作父庚簋、荣有司爯鼎等等。贺家墓地所见葬俗也十分多样,墓葬方向既有南北向、又有东西向,有的带壁龛或者腰坑,显示墓主人族属构成的多样化,说明贺家墓地的形成不是单纯因为血缘关系,还主要受政治因素的支配。

2014年在凤雏三号基址南边发掘西周时期墓葬24座、灰坑130余座、房址5座,其中西发掘点20座墓葬中16座带腰坑殉狗,规格较高的M11墓主人昔鸡可能来自殷代的举族,该墓葬也具有浓郁的商文化风格。墓葬主人生前的居住区应该也距此不远,以上考古发现反映了该处"居址—墓地"的人群可能是殷遗民,且在此地生活了较长时间。[1]

从铜器铭文的角度来看,贺家一带生活的贵族家族有南宫、裘卫、梁伯、伯夏父、伯尚家族等,这其中既有姬姓,也有嬴、姜等姓。从葬俗特征的角度来看,这一带墓主人的族属既有周人,也有姜戎和殷遗民。周原原本生活的居民是以周人为主,随着周初的大分封,大量周人被分封到新开拓的领土,周公东征之后,将东方诸国的殷遗民迁到周原来充实人口。西周时期贺家这一带居住的人群大多为非姬姓,其中嬴姓族群可能就是周公东征后从东方迁徙来的。与周王同姓的南宫家族地位最高,其家族成员称公、伯和司徒等,可能是这一地区的管理者。[2] 综上所言,周原遗址贺家附近在西周时期也是一片包括诸多贵族家族的地域性居住区。

4. 周原遗址手工业者居住模式分析

在周原遗址发现有多处手工业作坊遗址,涵盖了铸铜、制骨、制玦等多个门类,在这些手工业作坊遗址附近大都分布有同时期的墓葬,墓葬的主人生前应该就是该作坊的工匠,通过对这些墓葬的葬俗及随葬品特征进行分析,可以对手工业者的族属进行判断。在此基础之上,通过对手工作坊遗址及其附近墓葬的研究,还可以进一步分析周原手工业者的居住模式问题。

---

[1] 周原考古队:《陕西宝鸡市周原遗址2014~2015年的勘探与发掘》,《考古》2016年第7期。

[2] 辛怡华:《岐山贺家出土铜器铭文研究》,《文博》2017年第1期。

　　1976 年,为了配合当地农田基本建设,陕西周原考古队在扶风县云塘村西南约 300 米处发掘了一处制骨作坊遗址,共清理灰坑 19 个,墓葬 20 座以及少量残存的西周时期建筑遗迹,出土石器、陶器、铜器、骨器等近 200件,还出土了两万多斤废骨料和大量的陶片。① 云塘骨器制造作坊遗址内涵丰富,地层复杂,灰坑和墓葬交相叠压、互有打破。出土遗物中有铜锯、铜刀、铜钻和砺石等制骨工具,还有大量骨器半成品,产品主要是骨笄。与云塘制骨作坊遗址共存的西周墓葬有 19 座,其中 14 座葬具为一棺一椁,墓室面积较大的三座墓 M10、M13、M20 皆有青铜器随葬,这三座墓总共出土了21 件青铜器,而且青铜容器大都带有铭文。② 所以在这批墓葬中规格较高的墓主人生前显然是属于贵族阶层的,其余大都是平民阶层。这些墓葬的墓主人应该就是制骨作坊的工匠或管理者,而这 19 座西周墓中有 12 座在墓底挖设腰坑,出土的铜器中有觚、爵、尊等酒器,而且铜器铭文中多带有日名,说明云塘制骨作坊的工匠是以殷遗民为主。

　　庄李铸铜作坊遗址位于扶风县庄李村西,周原考古队自 2003 年开始对其进行了三次发掘,清理了多座灰坑和墓葬,而且在灰坑中出土了大量的陶范、陶管等与铸铜行为相关的遗物,从而断定其为铸铜作坊遗址无疑,该铸铜作坊的使用年代可以从西周早期一直延续到西周晚期,主要集中在西周晚期。③ 就发掘的西周墓葬来说,2003 年春季,发掘了 14 座西周墓葬和 1座车马坑。④ 2003 年秋季,又发掘了 35 座西周墓葬,根据雷兴山的研究,2003 IVB3M2 中出土了一件铸铜用的陶管 IVM2∶19,同样形制的陶管在庄李铸铜遗址的灰坑中也有发现,从而证明墓葬主人与该遗址的铸铜行为有关,很有可能就是直接参与铸铜活动的手工工匠。⑤ 此次发掘简报只具体公布了其中 5 座墓葬的材料,这批墓大多有一棺一椁或单棺,墓室面积较大者如 M2、M17、M48 皆在 4 平方米以上,由于盗掘,只在 M17 中发现了一件铜鼎和一件铜簋随葬。2004 年春季,又发掘了墓葬 12 座,此次发掘的资料与 2003 年春季发掘的资料一起发表在了 2008 年第 12 期《考古》杂志上,总

①　陕西周原考古队:《扶风云塘西周骨器制造作坊遗址试掘简报》,《文物》1980 年第 4 期。
②　陕西周原考古队:《扶风云塘西周墓》,《文物》1980 年第 4 期。
③　a. 周原考古队:《陕西周原遗址发现西周墓葬与铸铜遗址》,《考古》2004 年第 1 期。b. 周原考古队:《2003 年秋周原遗址(IVB2 区与 IVB3)的发掘》,《古代文明》(第 3 卷),文物出版社,2004 年。c. 周原考古队:《陕西扶风县周原遗址庄李西周墓发掘简报》,《考古》2008 年第 12 期。d. 周原考古队:《周原庄李西周铸铜遗址 2003 与 2004 年春季发掘报告》,《考古学报》2011 年第 2 期。
④　周原考古队:《陕西周原遗址发现西周墓葬与铸铜遗址》,《考古》2004 年第 1 期。
⑤　雷兴山:《论周遗址西周时期手工业者的居与葬——兼谈特殊器物在聚落结构研究中的作用》,《华夏考古》2009 年第 4 期。

共有 26 座西周墓和 1 座西周时期的车马坑。① 其中墓葬规格最高的 M9,墓室面积在 8 平方米以上,葬具为一棺一椁,随葬品有铜器、陶器、漆器、原始瓷器等 100 余件,墓主人生前应该是社会地位比较高的中小贵族。

这些墓葬的葬俗特征可以帮助解答铸铜工匠们的族属问题。庄李铸铜遗址 2003 年秋季发掘的 35 座墓葬中,有 14 座在墓底挖建腰坑,腰坑内常见殉狗,其中 03 李家 M30 的二层台上还有殉人,这是典型的殷遗民墓葬特征,因为周人墓葬中很少使用殉人。此外庄李西周墓中随葬有许多商式风格的陶器也能说明其与殷人的渊源关系。周灭商之后,周人对殷人当中有技艺的手工业者采取的是为我所用的政策,这些殷人工匠被周人带到了周原、丰镐及成周等地,凭借其技艺服事于新的周王朝贵族们,所以庄李铸铜作坊的工匠也是以殷遗民为主。

扶风县齐家村西周制玦作坊遗址于 1989 年调查发现,② 2002 年进行发掘,揭露灰坑 97 个,墓葬 41 座,房址 5 座,果蔬储藏坑 1 座。③ 与该作坊遗址同时共存的有 38 座西周墓葬,这些墓葬中有的随葬有制玦工具、完整石玦以及石玦残次品,证明其中 23 座西周墓的墓主人生前直接与制玦活动有关联。④ 孙周勇将这些墓葬分为三个等级,其中第一等级墓室面积大于 3.5 平方米、葬具有一棺一椁、随葬品中有青铜器和玉器,说明其身份等级属于贵族行列。第二、三等级的墓葬往往也随葬有少量陶器和个人装饰品,齐家手工业者墓地中仅有 M13、20、21、32 四座墓无随葬品出土,其中 M20、21 未发现葬具,像这样的墓葬其墓主人身份近似于奴隶,但数量很少。这说明第二、三等级墓主的身份大都相当于平民阶层,奴隶所占的分量很少。因此齐家制玦作坊手工业者的社会身份主要是平民,其中地位较高者属于贵族阶层。孙周勇同时还对齐家制玦作坊工匠们的族属进行了判断,他认为:"从腰坑、头向、随葬品的商式风格(多见商式簋、厚唇分裆鬲等商式器物)等方面来看,西周早期偏晚即石玦生产活动开始以后,墓地的人员构成及族属发生了相应的变化,墓地使用者由先周及西周早期的周人演变为以殷商遗民为主。"⑤

---

① 周原考古队:《陕西扶风县周原遗址庄李西周墓发掘简报》,《考古》2008 年第 12 期。

② 罗西章:《扶风齐家村西周石器作坊调查记》,《文博》1992 年第 5 期。

③ 陕西省考古研究院、北京大学考古文博学院、中国社会科学院考古研究所,周原考古队:《周原——2002 年度齐家制玦作坊和礼村遗址考古发掘报告》,科学出版社,2010 年,第 10 页。

④ 孙周勇:《西周手工业者"百工"身份的考古学观察——以周原遗址齐家制玦作坊墓葬资料为核心》,《华夏考古》2010 年第 3 期。

⑤ 孙周勇:《西周手工业者"百工"身份的考古学观察——以周原遗址齐家制玦作坊墓葬资料为核心》,《华夏考古》2010 年第 3 期。

目前所见周原遗址的手工业者以殷遗民为主，但这并不排除他们当中有周人存在，因为像铸造铜器这样难度较高的手工业门类中，殷人工匠因为掌握有相关技艺，所以会占有较大比例，而像制陶、制骨这样工艺相对简单的手工业门类中，周人工匠也可以胜任。所以，周原遗址的手工业者并不全是殷遗民。

晚商及西周时代的手工业生产大都是以家族为单位，每个手工业家族掌握一项专门技艺，各个家族的手工技艺只在本族内部传播和延续。① 晚出的文献《逸周书·程典》："士大夫不杂于工商，士之子不知义，不可以长幼，工不族居，不足于给官，族乡不别，不可以入惠。"②《国语·齐语》："夫是，故工之子恒为工。"③《考工记·总序》："巧者述之，守之世，谓之工。"④皆说明手工业技艺是在家族内世代相传的。上文论述的齐家、云塘和庄李三个地点的手工业者都是生前劳作和死后埋葬在同一区域内，工匠们的主要活动范围就是手工作坊，《逸周书·作洛》："凡工贾胥市臣仆，州里俾无交为。"⑤也是讲手工业者有自己独立的活动区域，不与其他人杂居。所以，周原遗址手工业者的居住模式属一种相对封闭的聚族而居。

第四节 小 结

本章节着重分析了西周时代居住在周原遗址的不同族属的各类人群，其中无论是周人以及和周人结盟的西方各部族，还是被周人迁来的东方的殷人（还有主动投奔来的殷人），皆因为政治的原因而共同居住在此，是西周中央王朝政治权力施行的结果。各种不同族属来源的人群，在西周王朝的统治下，聚居在一起，这才造就了周原的地域性特征以及繁荣一时的局面。周原遗址有城墙围绕，在其范围内发现的西周铜器窖藏、建筑基址及墓葬，皆有规格等级较高者，结合相关历史文献的记载可知，位于扶风县与岐山县交界处的周原遗址应当是一处都邑级别的带有明显地缘性特征的大规模聚落。《史记》记载古公亶父迁于岐下后，"豳人举国扶老携弱，尽复归古公于

① 林森：《商周时期"百工"研究》，《史学集刊》2014年第1期。
② 黄怀信、张懋镕、田旭东撰，黄怀信修订，李学勤审定：《逸周书汇校集注（修订本）》，第173—174页。
③ 上海师范大学古籍整理研究所校点：《国语》，第227页。
④ 孙诒让撰，王文锦、陈玉霞点校：《周礼正义》，第3114页。
⑤ 黄怀信、张懋镕、田旭东撰，黄怀信修订，李学勤审定：《逸周书汇校集注（修订本）》，第532页。

岐下。及他旁国闻古公仁,亦多归之"。可知周原在营建之初便汇聚了不同来源的人群,"于是古公乃贬戎狄之俗,而营筑城郭室屋,而邑别居之。作五官有司"。① 针对不同来源的人群,古公亶父的做法是营筑城郭室屋,而邑别居之,即对居住区做统一的规划,并设置官员五官有司进行管理,而管理这些居民区的五官有司就应该包含里君之类的行政职官。② 所以古公亶父显然是在新营建的周原建立起了基层居民组织,且带有地缘特征。朱凤瀚在对周原西周贵族家族聚居形态的研究中已经提到:"这种非血缘的聚居状态,是自西周初即已形成的。由此可见,西周时贵族家族间的居住关系主要是受政治因素的支配,而不是受血缘关系的支配。"③是说基本可从。但他进一步认为"贵族家族自身是以一定规模合族而居,即保持一定的血缘聚居形式"④却并不尽然,通过对周原遗址铜器窖藏及窖藏附近建筑遗存分布情况的分析,能够更加细致、清晰地反映出周原贵族家族地域化居住的情况。以扶风县齐家村考古发现为例,在该村村东很小的范围内就发现有许多处归不同贵族家族所有的铜器窖藏,说明这些贵族家族生前处于一种互为邻里的、非血缘聚居的居住状态。

除了这些世代聚居在周原的高等级贵族家族之外,⑤在这里同时还生活着地位相对较为低下的中小贵族及平民阶层,这些人群同样由周人和殷遗民组成。所以,不同族属来源、不同身份等级的人群杂居于周原遗址。

在周原还存在着多个门类的手工工匠家族,包括云塘制骨作坊、齐家制玦作坊和李家铸铜作坊等。手工工匠家族依附于当时的大贵族,为其生活提供服务,这些手工工匠以殷人后裔为主,他们的居住模式相对保守一些,较多地保留了血缘聚居的形态特征。

科技考古手段应用于周原遗址社会结构的研究也能提供人群复杂性的证据,例如通过对周原遗址西周时期人骨的 C、N 稳定同位素分析重建当时人群的饮食结构,发现齐家村东人群的 $\delta^{15}N$ 值较齐镇东人群普遍偏高,说明两地人群的饮食结构在植物性食物上基本相同,但肉食摄取上差异较大,齐家村东人群的肉食水平要远高于齐镇东人群。采样的这两个地点性质均为一般居址和墓葬区,族属为殷遗民,个体身份以平民为主。研究者在排除

① 司马迁:《史记·周本纪》,第114页。
② 徐杰令:《试论先秦乡官制度》,《求是学刊》2000年第2期。
③ 朱凤瀚:《商周家族形态研究(增订本)》,第381页。
④ 朱凤瀚:《商周家族形态研究(增订本)》,第381页。
⑤ 以1976年发现的庄白一号微史家族窖藏为例,该窖藏内出土了微史家族连续四代人的作器,总数达55件之多,足可见其长年累世居住在周原。

了等级和性别两项因素的干扰后,这种差别依旧存在。研究者推测这可能与齐家村东临近河流湖泊,人群生前从事渔业,从而摄入较多淡水鱼类和蚌类有关。①

齐家村东和齐镇东同在周原遗址内部且相距不远,周边生活环境大体相同,仅距离河流、湖泊远近的微小差别尚不足以改变生活和饮食习惯,所以这种饮食结构的显著差异,应该还是与人群族属的具体差异有关。

周原人群结构复杂且业已形成非血缘人群聚居的模式,加之周原作为一处聚落,其规模在当时实属庞大,对这样的聚落实现有效的管理,方法之一就是采用行政层面的地域化管理。综合而言,作为都邑级别的高等级聚落,周原居民的居住模式不是以血缘关系为根基的聚族而居,而是带有政治性的地域聚居。将来随着考古新材料的不断涌现,对周原地区地域性基层组织的认识也会更加深入。

---

① 李楠、何嘉宁、雷兴山、种建荣、吴小红、杨颖亮、潘岩:《周原遗址西周时期人骨的稳定同位素分析》,《考古与文物》2023 年第 6 期。

第四章　西周时代诸侯国基层地域组织研究

《左传·定公四年》:"昔武王克商,成王定之,选建明德,以蕃屏周。"[1]西周时代实行的是分封制,除了上文讨论过的丰镐、成周和周原三处西周王朝都邑之外,当时一些封国的都邑虽然在等级和规模等方面都不及王朝都邑,但在当时仍旧是人口相对密集的大中型邑聚。尤其像晋、虢等国,[2]其国君与周天子同姓且关系极为密切,所以地位很高。由于周人是从西面入主中原,所以在新分封的诸侯国内,周人统治者同样面临着如何统治异族的问题。有时被统治的族群不止一个,并且势力不弱。新分封过去的周人统治者自身也未必就只是单一家族。而且统治阶层中还有可能包括之前同周人一起伐商的盟友们。即许倬云在《西周史》中提到的"姬姓与姜姓的重要成员各有控制一个地区的任务……至于各国的内部,则以周与殷遗及东方旧族结合为基本原则,对于殷周以外的土著,则一方面以商周融合的势力楔入,另一方面也以'夏政''商政''戎索'来迁就当地文化。古代以姓族为集群条件的局面,遂因此改观……",[3]可以说,西周的分封进一步打破了各地之前原有的血缘纽带,所以在这些实力强大的诸侯国都邑中同样也应该存在超血缘的基层地域组织。

关于西周诸侯国中基层地域性居民组织的设置情况,最直接的材料是西周早期铜器宜侯夨簋铭文(图五,3)。这件铜簋出土于江苏丹徒烟墩山一座大型土墩墓中,铭文在内底,出土时已破碎,后虽经修复,但仍有部分字无法辨识。[4] 铭文通篇十二行,残存约一百三十字:

---

① 杨伯峻:《春秋左传注》,中华书局,2009年,第1536页。
② 西周时国力较盛诸侯国必然还有其他例子,但限于考古发现的偶然性,许多诸侯国的都城遗址及相关墓地都没有完整的考古资料可供研究。
③ 许倬云:《西周史(增补二版)》,生活·读书·新知三联书店,2012年,第158页。
④ a. 江苏省文物管理委员会:《江苏丹徒县烟墩山出土的古代青铜器》,《文物参考资料》1955年第5期。b. 李学勤:《宜侯夨簋与吴国》,《文物》1985年第7期。

惟四月辰在丁未,王省武王、
成王伐商图,延省东或(国)图。
王立于宜□□,南向。王令
虞侯矢曰:迁侯于宜。锡□
鬯一卣、商瓒一□,彤弓一、彤矢百,
旅弓十、旅矢千。锡土,厥川
三百□,厥□百又□,厥宅邑
卅又五,厥□百又□。锡在宜
王人□又七里;锡奠七伯,
厥□又五十夫;锡宜庶人
六百又□六夫。宜侯矢扬
王休,乍虞公父丁尊彝。

　　铭文大意是周王在四月丁未这天查看武王、成王伐商的地图,接着又查看东国地图,周王莅临宜地,命虞侯矢迁侯于宜,赏赐鬯酒、瓒和弓箭,并赐山川、居邑和民人。宜侯矢颂扬周王,铸虞公父丁尊彝。

　　周王将虞侯徙封到宜地作宜侯,并将原本生活在宜地的王人以里为单位赐予徙封后的宜侯,说明宜地原本就设置有基层地域性居民组织——里,被赏赐之后在宜侯封地内应该继续存在里。关于宜的地望,应该在器物出土地丹徒一带。总之,宜侯矢簋铭文说明在畿外诸侯国的封地内有里的设置。

　　近几十年来,西周诸侯国的考古发现愈加丰富,相继发现、发掘了一些都邑遗址及附近的大规模墓地。这些诸侯国墓地中所埋葬人群的来源构成复杂多样,且都至少涵盖了贵族和平民两个阶层,这类墓地的性质显然不应该是某个或几个血缘家族墓地那么简单。所以本文重点关注的是那些墓葬数量众多、规格高低不一、葬俗丰富多样且延用年代较久的西周诸侯国墓地,通过墓地分析来推测这些诸侯国都邑内部人群的构成情况,再综合出土文字和传世文献等方面的材料,对西周诸侯国都邑内地域性居民管理组织进行分析。

第一节 晋 国

　　关于晋国的始封和人群构成,历史文献中有所记载,《史记·晋世家》:"晋唐叔虞者,周武王子而成王弟。……武王崩,成王立,唐有乱,周公诛灭唐。"成王"于是遂封叔虞于唐。唐在河、汾之东,方百里,故曰唐叔虞。……

唐叔子燮,是为晋侯"。①《左传·昭公元年》:"迁实沈于大夏,主参,唐人是因,以服事夏、商,其季世曰唐叔虞。……及成王灭唐,而封大叔焉。"又《左传·定公四年》:"分唐叔以大路、密须之鼓,怀姓九宗,职官五正……启以夏政,疆以戎索。""怀姓九宗"和"职官五正"这两类人群在他处也曾出现过,《左传·隐公六年》:"翼九宗五正顷父之子嘉父逆晋侯于随。"杜预注:"五官,五官之长。九宗,一姓为九族也。"②由此可见西周时期晋国内部的人群构成比较复杂。具体而言,首先有随着分封从西方过来的包含姬姓在内的周人族群。而所谓"职官五正"指的是在周为官的五个宗族,商周时期的"百官"与"百工"拥有相同的义项,③详细说来,"职官五正"是指以自身技能服事于周王室的五个宗族,这其中既可以有族属为周人者,但也不排除他族之人在周王朝担任职官的可能性,至少能证明东迁而来的周人集团内部本就包含有不同的宗族。其次,晋国也有从殷商故地被迁徙来的殷遗民。④西周王朝初建立时,为了稳固对广大东方地区的统治,将原本实力庞大的殷人迁徙到新分封的诸侯国内加以管辖。晋国作为当时的一个重要的封国,接受一部分殷遗民也是合情理的。最后是晋国封地内的原住居民,这就会涉及晋国始封时当地的土著居民——唐人,而怀姓(据王国维考证,出自鬼方⑤)九宗即原居晋陕黄土高原的李家崖文化的居民。⑥这个区域内的鬼方人群,从王季以来就遭到周人征伐,《古本竹书记年》有"周王季伐西落鬼戎,俘十二翟王"的记载,⑦当叔虞受封之时,很可能已有部分臣服的怀姓戎人被封赐给晋国,成为其附庸。而唐才是临汾盆地的土著势力,从浮山桥北⑧、临汾庞杜⑨等地点的晚商时期墓葬来看,面貌特征与殷墟文化墓葬十分接近,很可能臣服于殷商王朝。所以在晋国都邑内有唐遗民当无疑问。所谓"启以夏政",是因为在晋国封地内更早之前还存在过一个大夏,《史记·郑世家》集解引贾逵曰:"唐人谓陶唐氏之胤刘累事夏孔甲,封於大夏,

---

① 司马迁:《史记·晋世家》,第1635—1636页。

② 杨伯峻:《春秋左传注》,第1218、1539、49页。

③ 林森:《商周时期"百工"研究》,《史学集刊》2014年第1期。

④ a. 刘绪、徐天进:《关于曲村遗址晋国墓葬的几个问题》,《晋侯墓地出土青铜器国际学术研讨会论文集》,上海书画出版社,2002年。b. 谢尧亭:《晋南地区西周墓葬研究》,吉林大学博士学位论文,2010年,第84页。

⑤ 王国维:《鬼方昆夷玁狁考》,《观堂集林》,中华书局,1959年。

⑥ 刘敦愿:《山西石楼出土龙纹铜锹的装饰艺术与族属问题》,《文史哲》1983年第5期。

⑦ 范祥雍:《古本竹书纪年辑校订补》,上海古籍出版社,2011年,第25页。

⑧ 桥北考古队:《山西浮山桥北商周墓》,《古代文明》(第5卷),文物出版社,2006年。

⑨ 山西省考古研究所、山西博物院编著:《晋西商代青铜器》,科学出版社,2017年,第17,727—729页。

因实沈之国,子孙服事夏、商也。"①所以当晋国之世的唐人应该是大夏遗民。"疆以戎索"显然是因为晋国周邻多戎人部族,新分封的晋国为了政权稳固、民族团结而施行的怀柔政策。② 所以,戎人部族是晋国被统治人群中重要的一部分,也不能排除他们当中有部分居住在晋国都邑的可能,尤其是上面提及的怀姓九宗。唐人和戎人对维持晋国的统治非常重要,所以才会有"启以夏政,疆以戎索"的统治策略。总之,从历史文献中能找到西周晋国存在周、殷遗、唐和戎等族群的线索。

从考古发现的角度也能印证晋国都邑内所居人群族属构成的复杂情况。

位于山西临汾地区的天马—曲村遗址被认为是西周晋国都城所在。③该遗址最早于 1962 年发现,1980 至 2001 年,北京大学历史系考古专业与山西省考古研究所合作,对天马—曲村遗址进行了持续发掘。整个发掘过程可分为前后两个阶段:1980 至 1989 年,主要对天马—曲村遗址的居住区和中小型墓葬进行发掘,共发掘居址约 3 700 平方米,清理西周春秋时期墓葬641 座,车马坑 6 座等;1992 至 2001 年,对遗址中的北赵晋侯墓地进行发掘,共清理晋侯及夫人墓 9 组 19 座以及附属的陪葬墓、祭祀坑等。④ 由此,西周晋国自国君至平民的物质文化面貌得以展现。

前文曾引用谢尧亭对曲村墓地的分析,他根据墓葬方向和随葬品特征区分出东向墓和北向墓两大族群(西向墓也代表一个族群,惟其墓葬数量较少),头向北的墓葬主人是周人,分封时来自周地。头向东的墓葬主人应是本地土著唐(晋)人,分封时为唐遗民。头向西的人属于殷遗民,分封时来自殷地。⑤ 墓主头向的区别确有可能是族属的差异造成的,但除了上述几类依据墓主头向区分出来的人群之外,曲村墓地还存在一类以屈肢葬为典型特征的人群,是周人贵族主体族属以外的某一族群,显然也不是殷遗民,该族群属于当时社会的中下阶层,在西周晚期这个族群的人员大量流入晋国都城。⑥ 从周边地区的考古发现来看,西北地区从史前时代到西周时期都流行屈肢葬,⑦所以晋国

① 司马迁:《史记·晋世家》,第 1773 页。
② 谢尧亭:《晋南地区西周墓葬研究》,第 82 页。
③ a. 北京大学考古专业商周组、山西省考古研究所、河南省安阳、新乡地区文化局、湖北省孝感地区博物馆:《晋豫鄂三省考古调查简报》,《文物》1982 年第 7 期。b. 王立新:《关于天马—曲村遗址性质的几个问题》,《中原文物》2003 年第 1 期。
④ 中国社会科学院考古研究所:《中国考古学·两周卷》,中国社会科学出版社,2004 年,第 86 页。
⑤ 谢尧亭:《晋国早期人群来源和结构考察》,吉林大学边疆考古研究所:《新果集——庆祝林沄先生七十华诞论文集》,科学出版社,2008 年。
⑥ 谢尧亭:《晋南地区西周墓葬研究》,第 337 页。
⑦ 印群:《黄河中下游地区的东周墓葬制度》,社会科学文献出版社,2001 年,第 98 页。

屈肢葬人群很有可能属于西北地区戎人部族。从墓主人身份等级的角度来看，曲村墓地北、东、西向墓葬中都有随葬青铜礼器且墓室面积较大的贵族阶层墓葬和只随葬陶器、墓室相对狭小的平民阶层墓葬，所以西周晋国贵族和平民两个阶层的族属构成都是多样化的。

而从墓葬平面分布图来看，曲村墓地六百余座西周墓葬分布在不连续的四个区域内，在各区域内不同埋葬习俗（包括墓向、葬式等）的墓葬犬牙交错地密集分布在一起（图二）。不同的葬俗暗示着墓主人族源不同，所以各族人群是安葬在同一片墓地中的。但是血缘家族仍是当时人群的主要组织单位，属于同一家族的人埋葬地相迫近，从而形成一种类似于"小聚居，大杂居"的态势。依此推想晋国都邑内部人群居住的情况应该也是各个族群、家族混居在一起。

西周晋国另一处重要的考古发现是北赵晋侯墓地，该墓地位于天马—曲村遗址中部，与曲村以北的中小型墓葬区相距约 1 200 米，其南北均有一条壕沟，似与外围相隔而形成一个相对独立的专用墓区，东西长约 170、南北宽约 130 米。在其中清理出西周早期至两周之际的晋侯及夫人墓 9 组 19 座，以及附属的陪葬墓、祭祀坑等。[①] 北赵晋侯墓地与曲村墓地存在明显差异，其中只安葬历代晋侯及其夫人，可以说是一处只属于晋侯的血缘家族墓地。而曲村墓地各个墓区内所葬人群，其阶层、族属都各不相同，形成了几个不同族属的家族埋葬在同一片墓地的状况。所以曲村墓地的诸墓区不会是属于某个家族的族墓地，除了居于主导地位的血缘因素以外，地缘因素、政治因素在曲村墓地的形成过程中也发挥着一定的作用。总的来说，终西周一世，居住在晋国都邑的人群，其族属构成是复杂多样的。而作为统治者的周人对异族并不是十分排斥，姬姓族虽然始终是周人的主干，但其血缘独尊与排外意识并不十分强烈，而能够在政治上与异族相亲善。[②] 所以，在晋国都邑内部基层居民组织的构建中，有可能存在不同族属的人群杂居在一起的情况（即便其中是以某一族群或家族为主）。若要实现对其有效的管

---

① 　a. 北京大学考古系、山西省考古研究所：《1992 年春天马——曲村遗址墓葬发掘报告》，《文物》1993 年第 3 期。b. 北京大学考古学系、山西省考古研究所：《天马——曲村遗址北赵晋侯墓地第二次发掘》，《文物》1994 年第 1 期。c. 山西省考古研究所、北京大学考古学系：《天马——曲村遗址北赵晋侯墓地第三次发掘》，《文物》1994 年第 8 期。d. 山西省考古研究所、北京大学考古学系：《天马——曲村遗址北赵晋侯墓地第四次发掘》，《文物》1994 年第 8 期。e. 北京大学考古学系、山西省考古研究所：《天马——曲村遗址北赵晋侯墓地第五次发掘》，《文物》1995 年第 7 期。f. 北京大学考古文博院、山西省考古研究所：《天马——曲村遗址北赵晋侯墓地第六次发掘》，《文物》2001 年第 8 期。

② 　朱凤瀚：《商周家族形态研究（增订本）》，天津古籍出版社，2004 年，第 234 页。

理,仅凭血缘纽带的约束恐怕不够,这可能就会涉及地域性基层管理组织。换言之,西周晋国都邑内已经具备了构建地缘性基层居民组织的先决条件。

第二节 虢 国

周代虢国的历史有三个非常重要的节点:始封、东迁和灭国,与虢国有关的考古发现也和这三个历史节点密不可分。大约在西周文王迁沣之后,文王母弟虢叔被封于今宝鸡市陈仓区虢镇一带,史称西虢。[①] 近年来在虢镇周围发掘的西周时期墓地主要有两处,一在阳平镇高庙村,1994 年在此清理西周墓葬 20 座,其中大中型墓 4 座,时代在西周早期康王前后,小型墓 16 座,时代在西周中期穆王前后。发掘者认为该墓群属于西虢墓地。[②] 另一处是虢镇贾家崖墓地,2013 年在此发掘墓葬 148 座,均为中小型墓,其中葬式可辨的有 53 座仰身直肢葬、36 座仰身或侧身屈肢葬,墓葬年代从西周中期延续至晚期。[③] 以上是位于今宝鸡的西虢相关墓葬发现的大致情况,遗憾之处在于未发现年代可以早到西周初年前后的虢国遗存。

西周晚期,为避猃狁入侵,西虢东迁至今河南省三门峡一带。东迁后的虢都上阳位于今三门峡市李家窑村,[④]虢国墓地在其北面的上村岭。整个墓地南北长 590、东西宽 550 米,占地 32.45 万平方米,墓地墓葬总数在 500座以上(包含车马坑和祭祀坑)。该墓地先后经过两次大规模发掘,20 世纪50 年代,虢国墓地第一次大规模发掘,共清理墓葬 234 座、车马坑 3 座、马坑 1 座。[⑤] 这次发掘的墓葬位于墓地的南区,墓多北向,极少数墓葬有壁龛和腰坑,墓葬规格最高的是虢国太子墓 M1052。20 世纪 90 年代对墓地进行了第二次大规模发掘,共清理墓葬 18 座、车马坑 4 座、马坑 2 座。[⑥] 这次考古工作集中在墓地北区,其墓葬级别较高,分别以国君墓 M2001 和 M2009 为核心分布。北区与南区墓葬之间存在一条东西向界沟。公元前 655 年,虢

① 马军霞:《虢国综合研究》,陕西师范大学博士学位论文,2017 年,第 24—26 页。
② 宝鸡市考古工作队、宝鸡县博物馆:《宝鸡县阳平镇高庙村西周墓群》,《考古与文物》1996 年第 3 期。
③ 陕西省考古研究院:《2013 年陕西省考古研究院考古发掘调查新收获》,《考古与文物》2014 年第 2 期。
④ 李家窑遗址考古发掘队:《三门峡发现虢都上阳城》,《中国文物报》2001 年 1 月 10 日。
⑤ 中国科学院考古研究所:《上村岭虢国墓地》,科学出版社,1959 年。
⑥ 河南省文物考古研究所、三门峡市文物工作队:《三门峡虢国墓(第一卷)》,文物出版社,1999 年。

国为晋国所灭,这大致上也就是三门峡地区虢国遗存的年代下限了。

高庙墓地和贾家崖墓地已公布的资料并不丰富,尚不足以开展对其基层居民组织形态的深入研究。仅从目前的考古发现来看,无论是位于宝鸡还是三门峡的虢国墓葬,其反映出的人群构成都不单一:

首先来看,宝鸡阳平镇高庙的20座西周虢国墓葬中有北向墓14座、东向墓6座。[1] 参考谢尧亭对曲村晋国墓地的分析,墓葬头向不同的原因可能是墓主族属存在差别,[2]北向是西周姬姓贵族常见的墓向,而高庙墓地东向墓主人的族属,目前尚无明确线索可供探究。从高庙墓地平面图来看(图十八),已发

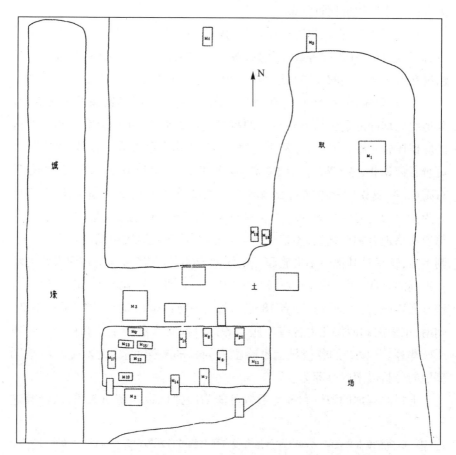

图十八　宝鸡高庙墓地平面图(未编号者属盗掘墓葬,未清理)

(采自宝鸡市考古工作队、宝鸡县博物馆:《宝鸡县阳平镇高庙村西周墓群》图二,《考古与文物》1996年第3期)

---

① 宝鸡市考古工作队、宝鸡县博物馆:《宝鸡县阳平镇高庙村西周墓群》,《考古与文物》1996年第3期。
② 谢尧亭:《晋南地区西周墓葬研究》,第84页。

掘的北向墓和东向墓错落分布,没有明显的组合规律,所以这两类人群并不是单纯因为血缘因素才葬在一起的。换言之,高庙墓地并不是虢国某个血缘家族聚族而葬的家族墓地。再者,墓地平面图上显示大中型墓和小型墓也是混杂在一起的,说明不同等级的人群也共用同一片墓地。

宝鸡贾家崖墓地的详细情况尚未披露,仅就目前所报道的资料可知该墓地虽然墓主头向均为北向,但葬式却可以明确区分为直肢葬和屈肢葬两类。① 屈肢葬中无论是仰身屈肢还是侧身屈肢,显然都不是姬姓周人常用的葬式。直肢葬和屈肢葬人群共处同一墓地,也能说明贾家崖墓地所葬虢国人群的族属构成比较复杂。

综上所述,早在从宝鸡东迁至三门峡之前,虢国内部的人群构成就不单一,而且已经存在不同等级、不同族源的人群共用同一片墓地的情况,这种情况在后来的三门峡虢国墓地②中表现得更加突出。

《三门峡虢国墓》将整个墓地分为南北两区,中间经钻探发现有界沟。墓地北区埋葬的是包括国君在内的虢国高等级贵族,可细分为五组。北区的葬俗比较一致,均为长方形土坑竖穴墓,葬式为单人仰身直肢,墓主头向可辨者都朝北,基本都有木质葬具,仅 3 座墓葬(M2010、M2008、M2006)设有腰坑。③ 这说明虢国国君及高等级贵族的族属比较单一,应是以姬姓周人为主。因此北区墓葬的埋入规则与墓主人身份和地位直接相关,这与北赵晋侯墓地有相似之处,不适于探讨虢国当时基层居民组织的情况。南区则不然,这里是其他中小贵族和平民的墓葬区,存在诸多与姬姓周人常见葬俗不同的墓葬,例如墓底设有腰坑殉狗者 1 座、直接殉狗者 13 座、墓壁设有壁龛者 4 座、墓底向外扩张者 18 座。墓主头向仍是以北向为主,但有 10 座朝南,东偏南和西偏北也各有 1 座。葬式以仰身直肢为主,同时存在 44 座屈肢葬墓。④ 复杂的葬俗显示出墓主人族属的多样性,因此对上村岭虢国墓地的分析以南区墓葬为主。

上村岭墓地的腰坑和殉狗习俗可能与殷遗民存在密切关联,从带有这

---

① 陕西省考古研究院:《2013 年陕西省考古研究院考古发掘调查新收获》,《考古与文物》2014 年第 2 期。

② 三门峡虢国墓地的年代上限为西周晚期,部分墓葬的年代已晚至春秋早期(公元前 655 年晋灭虢之前)。因为该墓地从西周晚期到春秋早期是连续使用的,中间未出现缺环,所以,虽然本章重点讨论西周时期的诸侯国,但在讨论西周以来虢国基层居民组织问题上,仍将上村岭墓地作为一个整体进行考量,暂且不对涉及墓葬的年代下限进行限制。

③ 河南省文物考古研究所、三门峡市文物工作队:《三门峡虢国墓(第一卷)》,文物出版社,1999 年。

④ 马军霞:《虢国综合研究》,第 19 页。

类葬俗的墓葬 M1705、M1605 和 M1617 中同时随葬戈、矛、剑、镞等兵器的现象来看，墓主人性别有可能是男性，所以上村岭墓地中殷遗民因素的存在并不全是联姻的结果。① 屈肢葬、壁龛和墓底向外扩张其实都是西方戎人的葬俗。关于屈肢葬，最初上村岭墓地的发掘者就提出西北甘肃地区自新石器时代至周代一直存在屈肢葬，而且历史文献中也有西周晚期西戎东迁并与关中、中原一带的民族发生融合的记载，如《左传·僖公二十二年》："初，平王之东迁也，辛有适伊川，见被发而祭于野者，曰：'不及百年，此其戎乎！其礼先亡矣。'秋，秦、晋迁陆浑之戎于伊川。"②由此可见，至少在平王东迁之际，可能就有部分戎人迁至伊川一带。西周晚期中原地区出现的屈肢葬很有可能是受到了西北戎族的影响。上村岭墓地的直肢葬和屈肢葬人群"或属于经融合后文物习俗已大致相同而仅保持着不同葬式的两个民族"。③

　　近年，一项关于荥阳官庄两周时期遗址的生物考古学研究依据该遗址人骨碳氮稳定同位素检测结果，结合遗址出土的动植物遗存等生物考古信息，从食谱角度考察官庄聚落内部的人群及社会状况。该项研究显示：官庄聚落内人群构成复杂，这一点从其食物结构上能够反映出来。官庄聚落平民和贵族阶层的墓葬以直肢葬为主，这类人群应该是当地的土著居民，他们的主要食物以粟等 C4 类为主，这与北方一直以来以 C4 类食物为主的饮食传统保持一致。而数量较少的屈肢葬群体则食用了更多的 C3 类食物，包括小麦或部分豆类作物，这一差异与同样在官庄聚落发现的贵族阶层比平民阶层食用较多的肉食资源不同，应该是双方各自主动选择的结果。尤其是直肢葬贵族墓 M1 的墓主人完全以 C4 类粟为主食，基本不食用 C3 类食物（即小麦），说明当时的贵族阶层对小麦这类新兴农作物的接受度很低。不同的饮食结构能够表明直肢葬和屈肢葬两个群体应是具有不同文化传统的人群。除此之外，还发现个别屈肢葬个体食用水稻这一官庄聚落并未种植的 C3 类作物，说明屈肢葬人群流动性较大，有可能是外来群体。④ 官庄遗址位于河南省荥阳市，是一座具有相当规模的两周时期城址，始建于西周晚期，延续至春秋中期开始没落，⑤是郑州西北部两周时期具有一定代表性

---

① 马军霞：《虢国综合研究》，第 188 页。

② 杨伯峻：《春秋左传注》，第 393 页。

③ 林寿晋：《上村岭的屈肢葬及其渊源》，《考古》1961 年第 11 期。

④ 陶大卫、张国文、周亚威、陈朝云、韩国河：《生物考古所见两周时期官庄聚落的人群与社会》，《人类学学报》2021 年第 2 期。

⑤ 郑州大学历史文化遗产保护中心、郑州市文物考古研究院：《河南荥阳市官庄周代城址发掘简报》，《考古》2016 年第 8 期。

的大型聚落。该聚落在地理位置上与上村岭墓地相隔不远,同属于中原地区,在时代上也同为西周晚期至春秋时期,正与上引历史文献中西周晚期西戎东迁并与关中、中原一带的民族发生融合的记载相合。所以这项研究成果也可作为上村岭墓地屈肢葬人群是外来族群的旁证。

　　关于壁龛的来源,马军霞也指出此前中原地区的商人墓葬中很少使用壁龛,而甘肃徐家碾寺洼文化墓地中存在壁龛,上村岭墓地中出现的壁龛可能与西方的戎人向东迁徙有关。① 近年发掘的陕西宝鸡石鼓山西周墓地也存在壁龛,从墓中随葬的高领大袋足陶鬲来看,墓主族属也是戎人。② 而所谓的墓底向外扩张实际上是洞室墓的一种特殊表现形式,前文曾引用梁星彭对长安张家坡西周墓地所见洞室墓的族属和渊源的分析,推断这类墓葬的墓主人可能是姜姓戎人。③ 与刘家村、张家坡等地的洞室墓墓室偏向墓道一边不同,上村岭的洞室墓的墓室是向墓道四边同时扩宽的(图十九),这应该是洞室墓的埋葬形式在长时间的传承过程中发生的嬗变。综合屈肢葬、壁龛和墓底外扩三方面的因素来看,上村岭墓地中应该埋葬有来自西方的戎人。

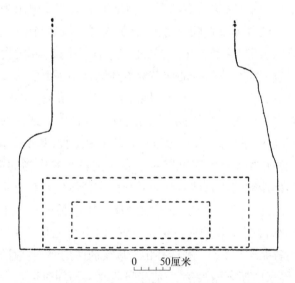

0　50厘米

图十九　上村岭墓地墓底向外扩张举例(M1662 剖面图)

(由中国科学院考古研究所:《上村岭虢国墓地》图二改绘,科学出版社,1959 年)

---

① 马军霞:《虢国综合研究》,第 188 页。
② a. 石鼓山考古队:《陕西省宝鸡市石鼓山西周墓》,《考古与文物》2013 年第 1 期。b. 林森:《宝鸡石鼓山西周墓地所见"分器"现象研究》,《边疆考古研究》(第 17 辑),科学出版社,2015 年。
③ 梁星彭:《张家坡西周洞室墓渊源与族属探讨》,《考古》1996 年第 5 期。

通过对宝鸡和三门峡两地虢国墓葬的分析,可知虢国内部各阶层人群的族属构成至少可分为三类:一是周人,其中的姬姓周人是虢国统治阶层的主体,虢国国君及其子嗣是这类人群的最高代表。而数量众多的与虢仲、虢季及虢太子墓葬俗一致(例如长方形土坑竖穴、北向、仰身直肢等)、但规格较低的中小型墓葬的墓主人应该是周人低等级贵族和平民。二是西戎族群,西虢始封地在陕西,本身就与西戎族群相邻而居。而且周人兴起于周原,在伐灭殷商的过程中还与姜姓戎人保持着盟友的关系,[①]所以虢国内部包含有西戎族群不足为奇,即使东迁至今天的三门峡地区,这类人群仍然存在。三是殷遗民,西周初年,为了安定东方形势,周王朝曾大举迁徙殷商故地的殷遗民,文献记载鲁、卫等新分封的诸侯国接受周王的封赐中就包含有若干殷遗民族群。[②] 始封于关中地区的虢国是周初的重要封国之一,很有可能也分得部分殷遗民。

另外,在虢都上阳城遗址发现了两座虢国文化层之下开口的西周晚期稍偏早阶段的墓葬,墓主人男性,且墓底均有腰坑,发掘者认为该墓属于被虢国所灭的焦人墓葬。[③] 据《今本竹书纪年》记载,幽王七年,虢人灭焦。[④]《水经注》云焦城位于虢邑之上阳城的小城,[⑤]焦人可能随之并入虢国。这两座墓底挖设腰坑的墓主人族属尚不十分清楚,但无疑增加了虢国内部人群构成的复杂程度。

以上是在现有考古和历史文献资料的基础上对虢国内部人群构成情况做出的一点推测,因为相关墓葬很多都遭严重盗扰,历史文献经过几千年的传承也早已不是原本的面貌。所以,虢国人群构成的实际情形可能比这些还要复杂。

在虢国所有的考古发现中,三门峡虢国墓地揭露面积最大,资料刊布也最为翔实。从该墓地南区的墓葬平面分布来看,上文所述各类人群在墓地中是错杂地分布在各个部分的,并不是分片地集中在某些区域。

埋葬习俗是一个民族文化中根深蒂固的部分,虽然会受到社会变迁的影响,但却能历经百年而仍有遗留。从上村岭墓地南区各类葬俗分布情况可以看出,《三门峡虢国墓》依据墓葬空间分布规律所划分出的三个墓组内不仅埋葬了从贵族到平民各个阶层的人群,而且还包含了多种族属的人群。

---

① 邹衡:《再论先周文化》,《夏商周考古学论文集续集》,科学出版社,1998年。
② 朱凤瀚:《商周家族形态研究(增订本)》,第261页。
③ 河南省文物考古研究所、三门峡市文物考古研究所:《河南三门峡市李家窑遗址西周墓的清理》,《华夏考古》2008年第4期。
④ 王国维:《今本竹书纪年疏证》,收入方诗铭、王修龄撰:《古本竹书纪年辑证(修订本)》,上海古籍出版社,2005年,第262页。
⑤ 郦道元著、王先谦校:《水经注·河水》卷四,巴蜀书社,1985年,第112页。

所以,如果这三个墓组对应的是三个居民区,那么每一个居民区内的人群应该包含了多个不同族源的血缘家族在内。①

此前有学者用《周礼》中"公墓"的记载来解释三门峡虢国墓地的埋葬情况,认为北区是虢君的兆域,为"居中"之位,南区所葬人群则为卿、大夫、士"居后",这些人墓位的具体安排方式也是"各以其族"。② 更有学者直接指出墓地南区"后三组的区分,似可表明这些死者是属于三个或四个不同的家族,而其中大墓的主人就是这个家族的族长"。③ 这类观点与本文对虢国墓地南区所葬人群族属构成情况的分析是存在矛盾的,南区三个墓组内所葬人群应该不止是三个或四个家族。

关于《周礼》,本文在之前章节已有论断,兹不赘述。就三门峡虢国墓地而言,南区三个分组中皆有一定数量的与虢君这样的姬周贵族葬俗迥异的墓葬,这其中又不乏随葬青铜兵器的较高规格(暗示墓主为男性贵族)墓葬,所以依据墓葬空间分布位置所划分出来的三个墓组内并不是只埋葬一个贵族血缘家族,而是有多个血缘家族密集分布在一起。

铜鼎在周代是非常重要的礼器,一座墓中随葬铜鼎数量的多寡与墓主人生前地位的高低是密切相关的。虢国墓地南区使用或者可能使用五鼎随葬的高等级墓葬(即 M1617、1689、1706、1765、1767、1810)在空间分布上是游离于三个墓组之外的,即每座大墓周围除了与之并穴的夫妻墓和祔葬的车马坑之外都保留了大面积空白区域,来和密集分布的中小型墓葬区分开。其余几座墓室面积同样比较大的墓葬,除了 M1601、M1602 和 M1820 以外,其周边也存在一定面积的空白区域。之前学者已经注意到 M1052、M1810 这两座大墓游离于三个墓组之外,但却使用《周礼》中"死于兵者,不入兆域"的记载来解释这个现象。④ 由于墓地被盗、以及墓主人骨骼保存状况较差等,仅从现有的考古发现是无法证明这两座大墓主人是死于非命,而其余大量中小型墓葬的墓主人皆为寿终正寝的。而且南区墓地大型墓葬周边普遍存在一定面积的空白区域,这应该是为了彰显大墓主人的高贵身份而刻意为之。三门峡虢国墓地 500 余座西周至春秋时期的墓葬,排列密集而鲜有打破关系,这说明原本墓室的地面上必然存在标志物,具体是封土还是墓

---

① 马军霞从墓葬时代的角度进行分析,同样认为南区墓地可能存在多于三个组别的血缘氏族。详见陕西师范大学博士学位论文《虢国综合研究》,2017 年,第 209—210 页。
② 俞伟超:《平王东迁以后的西虢墓地》,见氏著:《古史的考古学探索》,文物出版社,2002 年。
③ 李久昌:《虢国墓地墓葬制度述论》,《考古与文物》2003 年第 6 期。
④ a. 俞伟超:《平王东迁以后的西虢墓地》,见氏著:《古史的考古学探索》;b. 李久昌:《虢国墓地墓葬制度述论》,《考古与文物》2003 年第 6 期。

上建筑抑或是其他标志物,如今已不得而知。墓主生前地位高者,地下墓室面积较大,在挖建墓葬时掘出的土方量也相应的较多,基于土方平衡的考虑,其墓上标志物可能也会建造的更加明显一些,占地面积也比较大。对于某些大型墓葬,不排除其地表原本存在陵园以便于后人来墓前祭拜的可能。综上,虢国墓地南区诸座大墓在空间分布上游离于三个墓组之外是因为其墓上标志物占地面积较大,而并非其墓主人凶死所导致的“不入兆域”。所以,从墓葬的空间布局来看,同样也无法判定南区三个墓组分别是以某座或某几座大墓为中心的。进而认为三个墓组分别属于三个家族,而其中心位置的大墓中安葬的就是其家族长的说法也就不能成立了。

不可否认的是,血缘家族纽带在三门峡虢国墓地的墓位安排中发挥着至关重要的作用,属于同一个血缘家族的人们死后共同埋葬在一个相对集中的区域内是很正常的现象。但是,纵观整个三门峡虢国墓地的形成与三个墓组的空间区划,实际情况会变得相对复杂,需要综合考虑行政、地缘因素是否同时也在发挥作用。整个三门峡虢国墓地的形成确实是经过人为安排的,至于说负责排列墓位的人究竟是不是《周礼》所记载的“冢人”或“墓大夫”,我们不得而知。但是这种对整个墓地进行统筹规划、将不同身份等级和族属来源的人群以分组的方式集中安葬在同一处诸侯国墓地之中的做法,本身就是一种地域性的政治行为。由此推测埋葬在南区墓地的墓主们生前是以血缘家族为核心聚族而居,同时又在一定程度上按照地缘区划来进行管理的。

综上所述,无论是在宝鸡还是在三门峡发现的周代虢国遗存,其人群构成都不单一。而就虢都上阳城中的居民而言,可能存在按照地缘区划进行统辖、管理的行为,即西周晚期至春秋早期的虢国都城内部应该存在地域性的居民管理组织。

2005年,在河南荥阳西司马墓地一共清理了西周早期墓葬82座,彼此之间鲜有打破关系。据史料记载,荥阳北部是西周早期东虢国的封地,西司马墓地所葬人群有可能属于东虢国。该墓地墓葬规格普遍不高,墓室长2~3.4米、宽0.8~1.7米,随葬品以陶器为主,仅M43随葬两件铜礼器。墓葬头向以南向和西向为主,其中西向墓主要分布在墓地西北和东北部,墓内设壁龛,随葬陶器基本组合为簋、豆、罐,一般不出鬲;南向墓则主要分布在墓地中南部,一般无壁龛,随葬陶器基本组合为鬲、簋、豆、罐。[1] 两种头向的墓葬在墓地中南部呈现出交错分布的状态(图二十)。

① 河南省文物考古研究院、郑州市文物考古研究院、荥阳市文物保护管理中心:《荥阳西司马墓地》,大象出版社,2016年。

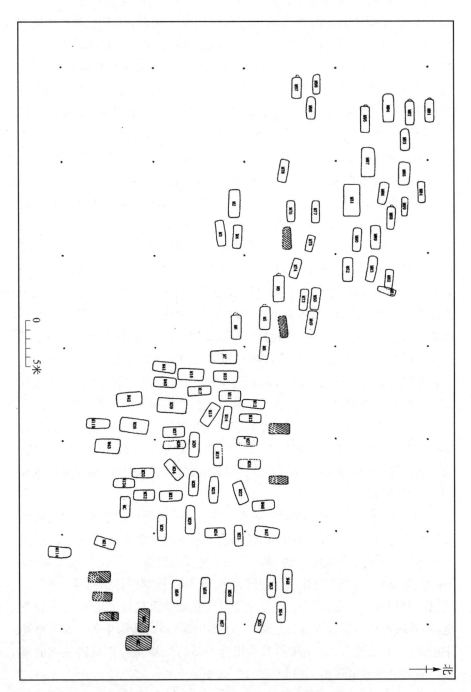

图二十　荥阳西司马墓地西周墓葬平面分布图

（采自河南省文物考古研究院等：《荥阳西司马墓地》图四，大象出版社，2016 年）

有学者根据"墓位形态"即墓位安排的内在规律将西司马墓地分为东、西两大区,其中东区可细分为五个小区,西区可分为两个小区。对比殷墟西区墓地,同墓区同向墓葬组成的墓群中出土族氏铭文相同,异向墓群中族氏铭文往往不同。因此,身为殷遗民的西司马墓地墓主人至少包含两大族群,整个墓地反映的是一个以血缘关系为基础的地缘关系组织。① 西司马墓地的殷遗民于西周早期迁徙至此,说明东虢国始封之时,也接收了一部分殷遗民作为其属民。殷遗民的迁徙仍旧是以血缘家族为单位的,不同的殷遗民家族一起埋葬在西司马墓地,那么与之对应的墓主人生前居住的单位应该是带有地缘性的。随着新诸侯国的分封,带来包括周人贵族、殷遗民等人群的流动和迁徙,由此而建立起的新居住点无论规模大小都有可能产生地域性聚落。

第三节　小　结

本章以西周晋国和虢国为例,综合考古发现和历史文献两方面的证据,阐明了西周时期规模较大的诸侯国都邑内也存在超越血缘的地域性居民组织。

西周时期,在一些国力雄厚的诸侯国内部,各族、各阶层人群在同一片经过规划的墓地里集中安葬,这种墓地的性质因此而变得不再是单纯的血缘家族墓地,地缘因素、政治因素在墓地形成过程中同样也发挥了重要的作用。由此推想,这些都邑内居民的管理模式中应该也包含有地域性因素,所以这些诸侯国为西周王朝都邑以外地区基层地域性居民组织的建立创造了可能,也为后来东周列国日臻完善的基层居民地域性管理组织孕育了萌芽。只是诸侯国都邑规模较周王朝都邑稍小,人员构成也相对简单,所以诸侯国地域性居民组织的建构在时间和程度上会稍滞后于王朝都邑。

从另一个角度来讲,西周时并非所有诸侯国都具备建设地缘性居民管理组织的条件。有些诸侯国都邑内人口规模不够大,人群族属构成简单,血缘关系相对清晰,在这种客观条件下,依靠血缘宗族的管理方式会更加有利。每个宗族都有族长一类的人员,通过若干位族长就可以实现对各宗族人群的有效控制,因此地缘性的居民管理组织的必要性在一定时期内就不

---

① 张家强、蔡宁、雷兴山:《郑州西司马墓地结构与社会结构分析》,《华夏考古》2018 年第 5 期。

突出。

可以西周燕、鲁、曾等诸侯国为例：

就目前北京琉璃河西周时期燕国都城遗址的考古发现而言，[①]位于今董家林村的燕国都城遗址规模并不大，其保存相对完整的北城墙全长只有约829米，复原后的城址占地面积与董家林村居民区大小相若。与城址相对应的琉璃河墓地中墓葬的数量也很少，在墓地范围内共钻探出墓葬和车马坑178座，说明当时燕国都邑内居住的人口很少。而且该墓地明显有南北分区的迹象：分布在今天京广铁路以西的墓葬属于Ⅰ区，该区域内墓葬规格较低，且比较普遍的存在殉狗现象，墓主人当以殷遗民为主；位于京广铁路以东的墓葬属于Ⅱ区，这片区域内墓葬规格较高，存在带墓道的大墓，而且与燕侯相关的铭文铜器多出自Ⅱ区，说明其墓主人主要是燕侯及其族人，可能还有其他周人贵族和平民。由考古发现的这种分区、分片埋葬的现象推想，燕国当时的治民策略应该是十分强调血缘纽带的。西周燕国地域偏远，国力不盛，周边又有异族存在，然而燕国似乎没有采取更多有效的民族融合策略。

鲁国是周王室分封到东方的一个重要的诸侯国，其都城遗址鲁国故城位于今山东曲阜，城内发现了葬俗迥异的甲、乙两组墓葬：甲组墓主要位于西北部的药圃和西南部的"斗鸡台"墓地，墓圹相对较宽，墓底流行腰坑殉狗，墓主头向以南向为主。乙组墓主要位于西部偏东的"望父台"墓地，墓圹相对较窄，不见腰坑殉狗习俗，大部分墓主头向北，随葬周人常用的仿铜陶鬲。[②]埋葬习俗的明显差异表明甲、乙两组墓葬的主人存在族属上的区别，而不同族群在城内各自有集中埋葬的区域，说明鲁国内部人群的居住形态是以血缘宗族为主要单位进行设置的。

位于湖北随州市淅河镇蒋寨村的叶家山墓地是西周早期包括曾侯墓葬在内的曾国墓地，经过全面揭露后，共发掘140座西周早期墓葬。占据叶家山岗地至高位置的是规格最高的曾侯和其夫人墓，他们构成了墓地的核心。围绕在其周边岗地较高位置的是一些墓口面积8平方米左右、随葬6件左右青铜器的中型墓葬，墓主人应该与曾侯等公室关系较近的贵族。而在墓地外围的是墓口面积4平方米左右、随葬3件左右青铜器的小型墓葬，墓主应该是低级贵族或平民。叶家山墓地所有墓葬（无论是带墓道的大型墓葬，

① 北京市文物研究所：《琉璃河西周燕国墓地 1973—1977》，文物出版社，1995 年。

② 山东省文物考古研究所、山东省博物馆、济宁地区文物组、曲阜县文管会：《曲阜鲁国故城》，齐鲁书社，1982 年。

还是墓室面积狭小的小型墓)都是头向东的东西向排列,显示出墓主人族属的一致性。叶家山墓地以国君墓葬为核心,以贵族等级高低来确定与国君墓葬的远近关系,这种布局是西周早期以血缘关系为核心的宗法制度的体现,可以看作是周代族坟墓制度的一个典型。①

势力不算强大,但在政治、外交、文化方面具有一定独立自主性的倗伯和霸伯墓地情况非常相似:倗伯墓地位于山西绛县横水镇,共发现墓葬1 299座,年代从西周早期延续至春秋初年。墓葬规模大、中、小皆有,排列有序,绝大多数为东西向,墓主头向多朝西。出土铜器铭文中有倗伯、倗公、倗孟、倗叔、倗姬等,以倗伯出现频率最高。② 从墓地的空间布局、墓葬头向和随葬铜器铭文等方面可以看出其族属构成比较单一,主体就是倗伯家族,属媿姓狄人族群。霸伯墓地位于山西翼城大河口村,全部揭露后共发掘西周墓葬2 200余座,均为长方形竖穴土坑墓。墓葬之间很少有打破关系,绝大多数墓为东西向,头向以西为主,墓主多仰身直肢。出土铜器铭文最常见"霸伯",还有"霸仲"作器,该墓地应该就是以霸伯家族为主的国族墓地,族属同样是被中原商周文化同化的狄人,墓地文化面貌显示其人群构成相对单纯。③

以上几个诸侯国都不存在多种葬俗的人群混葬在同一处墓地的现象,同一处墓地内包括墓葬头向、随葬品特征等埋葬习俗在很大程度上保持一致,表现为以血缘关系为核心的聚族而葬,这种情况在西周时期各诸侯国内部是普遍存在的。

与这些诸侯国都邑情况相似的是高等级贵族的采邑,这类贵族采邑内部人口数量不会太多,人员之间的血缘关系相对明晰,因此在对居民的日常管理中同样更多地利用血缘纽带,具体主要是以宗族为单位进行。反映在墓地布局上就是比较注重血缘家族关系,不同族属的人群分区埋葬。具体可以周原遗址东部边缘的姚家墓地为例。该墓地经过全面钻探,总共发现132座西周墓葬(或马坑),其中有2座是带墓道的大墓,在此基础上选择发掘了46座墓葬和1座马坑。种建荣将姚家墓地划分为南、北、西三区:南区墓向为东西向,均为小型墓;北区墓葬为南北向,且较南区规模大、等级较

---

① 湖北省博物馆、湖北省文物考古研究所、随州市博物馆:《随州叶家山——西周早期曾国墓地》,文物出版社,2013年。

② 山西省考古研究所、运城市文物工作站、绛县文化局:《山西绛县横水西周墓地》,《考古》2006年第7期。

③ 山西省考古研究所大河口墓地联合考古队:《山西翼城县大河口西周墓地》,《考古》2011年第7期。

高;西区墓葬等级最高,姚家墓地内仅有的两座带墓道的大墓皆位于该区。他进一步指出北区和西区的南北向墓葬没有腰坑、殉人及殉牲,却存在毁兵葬俗,其墓主为周系民族;而南区的东西向墓葬有腰坑和殉狗、殉牲,墓主为商系民族。至于墓地所反映出的社会形态,种建荣认为北区和西区墓葬可能属于一个宗族,西区两座大墓的主人是该族的族长或宗君,而南区所葬殷遗民则为该宗族的附庸。[①] 实际上姚家墓地南区葬俗比较复杂,所葬人群恐不止殷遗民一种,部分墓葬存在墓底外扩的现象,说明南区还可能埋葬有戎人,但总的来说大都是与西、北区族属不同的异族。这部分人作为贵族家族的家臣或附庸,与之共同生活,死后也一同葬入姚家墓地。至于说该墓地对应的究竟是哪位贵族的采邑,因规格最高的两座墓均被盗,导致没有直接的铭文资料出土等原因,所以目前尚不得而知。

姚家墓地所葬人数不多,不同族属的人分区埋葬,在小范围内实行聚族而葬,显示出对血缘家族纽带的注重。西周时代的贵族采邑也是血缘关系政治化(或血缘组织地缘化)的实现形式之一,但是和"里"比较起来,贵族采邑的规模更小、地缘化程度也更低。

总之,西周诸侯国和贵族采邑内部基本都是血缘家族占据主导地位,仅在部分诸侯国都邑内部和小型聚落中,已有地域性基层居民组织的萌芽,然其普遍性和发达程度都较王朝都邑为低。

---

① 陕西省考古研究院、北京大学考古文博学院、宝鸡市周原博物馆:《周原遗址东部边缘——2012 年度田野考古报告》,第 325—329 页。

第五章　基层地域组织溯源

前面几个章节列举了很多关于西周时代地域性居民组织已经存在的证据,也能从中看出在丰镐、成周和周原地区,基层地域性居民组织存在的普遍性。同样,在某些实力强大的诸侯国都邑内也存在地域性基层组织的可能性。在此基础之上,本章将着重对地域性居民组织的起源进行探索,讨论西周时代之前是否就已经存在地域性居民组织。所以首先要将研究对象向前追溯至晚商时期,而人群聚居是形成地域性居民组织的先决条件,"里"首先应该是在都邑范围内发展起来的。位于今安阳地区的殷墟遗址是目前所见晚商时期规模最大的聚落遗址,在当时被称为"大邑商"(《合集》36535)或"天邑商"(《合集》36541),是商代晚期达到都城级别的一处邑落(图二十一),在这里发现有晚商时期的宫殿基址、商王陵墓、其他贵族和平民墓地以及大量的刻辞卜骨和卜甲等遗存,这些考古发现为研究晚商历史提供了丰富的第一手史料。所以本章将研究的重点放在最有可能是晚商都城的殷墟遗址上。

晚商时期的青铜器上经常见到有族氏铭文,族氏铭文指的是"象形性较强的早期铜器铭文"中代表家族或国族的名号的符号。[1] 如果这类铭文出土于某座墓葬之中,则可以通过对族氏铭文的分析来大致推断墓主人的族氏。所以,具体分析某些墓地中族氏铭文的出土情况为我们研究该墓地所葬人群的组成结构,乃至于进一步研究晚商时期地域性居民组织,都提供了非常重要的线索。

第一节　晚商时期血缘宗族墓地分析

在中国以血缘关系来安排葬地的做法自古有之,由此而形成的血缘宗族墓地在各个历史时期都一直存在,晚商时期就存在这样的血缘宗族墓地,

---

① 何景成:《商周青铜器族氏铭文研究》,齐鲁书社,2009 年,第 9 页。

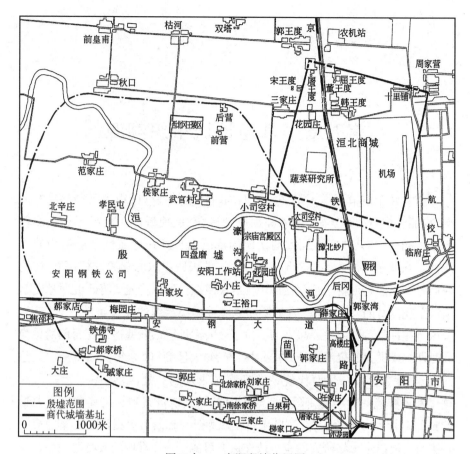

图二十一　安阳殷墟位置图

（采自中国社会科学院考古研究所：《中国考古学·夏商卷》，中国社会科学出版社，2003 年，第 285 页）

《周礼》中关于"族坟墓"的记载显然就是基于这类墓地而作，只是《周礼》将这类血缘性墓地作了普遍化的论述，所以才使人们容易忽视了地缘墓地的存在。

　　本节首先是要分析晚商时期血缘宗族墓地的存在情况。在殷墟以外地区发现有多处这类血缘宗族墓地，这些墓地中通常出土有数量众多的族氏铭文，然其出土族氏铭文的规律是，一个墓地当中往往是以某一种或一类族氏铭文为主。例如位于殷墟以东地区的：

1. 山东滕州前掌大墓地

　　前掌大墓地位于山东省滕州市官桥镇前掌大村，最早调查发现于1964 年，自 1981 年秋季开始至 1998 年先后在此进行了 8 次发掘，一共清理出墓葬 111 座，包括带两条墓道的墓葬 3 座、单墓道墓葬 9 座、无墓道墓葬99座。① 墓葬年代从商代晚期延续至西周早期,发掘报告将前掌大墓地分为北、南两大墓区,两区墓地分别位于前掌大村的村北和村南,并且认为带墓道的大型墓葬都集中位于北区墓地,所以北区墓地应是王侯级人物的墓地,而南区墓地则可能是一处家族墓地。② 其说可从,因为目前所知前掌大墓地总共出土了80件有铭文铜器,其中63件都铸有同一种族氏铭文:🔲(M11∶92)、🔲(M11∶94)、🔲(M11∶98)、🔲(M38∶58)、🔲(M38∶48)、🔲(M120∶21)、🔲(M120∶25),可释为"史","史"是前掌大墓地最主要的族氏铭文,因此可以确定这里是史氏宗族墓地。

2. 山东青州苏埠屯墓地

该墓地位于殷墟以东的山东省青州市(原益都县)东北部的苏埠屯村,目前经调查和发掘的晚商时期墓葬共12座、车马坑2座。该墓地最早发现于1931年,系苏埠屯村民无意中掘出两批商代青铜器,后经调查认为是出自两座墓葬。③ 1965年秋季至次年春季,山东省博物馆在这里发掘了4座商代墓葬和1座商代车马坑,其中的一号墓为带四条墓道的大型墓葬。④ 1973、1978年,昌潍地区(今潍坊市)、益都县(今青州市)博物馆分别征集到一批出自苏埠屯墓地的青铜车马器、兵器和工具,据现场调查,这批车马器可能是出自苏埠屯一号墓的车马坑。⑤ 1986年,山东省文物考古研究所和青州市博物馆又在这里清理了6座商代墓葬。⑥ 根据雒有仓的统计,苏埠屯墓地中有5座墓共出土27件带族氏铭文的铜器,其中4座墓中的12件铜器铭文为同一种族氏铭文:🔲(M7∶6)、🔲(M7∶7),简写作"亚醜",⑦所以"亚醜"是苏埠屯墓地的主要族氏铭文,此前已有学者指出这里应该是亚醜族墓地。⑧ 雒有仓在其所撰写的另外一篇论文中认为"苏埠屯墓地先后发掘12座商墓……其中30M1、31M2、65M1、86M7所出铜器有12件铭刻族徽'亚醜',86M8所出铜器有11件铭刻族徽'融'、2件铭'册融',说明这

① 中国社会科学院考古研究所:《滕州前掌大墓地》,文物出版社,2005年,第56页。

② 中国社会科学院考古研究所:《滕州前掌大墓地》,第478页。

③ 祁延霈:《山东益都苏埠屯出土铜器调查记》,《中国考古学报》第2册,1947年。

④ a. 山东省博物馆:《山东益都苏埠屯第一号奴隶殉葬墓》,《文物》1972年第8期。b. 齐文涛:《概述近年来山东出土的商周青铜器》,《文物》1972年第5期。

⑤ 夏名采、刘华国:《山东青州市苏埠屯墓群出土的青铜器》,《考古》1996年第5期。

⑥ 山东省文物考古研究所、青州市博物馆:《青州市苏埠屯商代墓发掘报告》,《海岱考古》第1辑,山东大学出版社,1989年。

⑦ 雒有仓:《商周家族墓地所见族徽文字与族氏关系》,《考古》2013年第8期。

⑧ 殷之彝:《山东益都苏埠屯墓地和"亚醜"铜器》,《考古学报》1977年第2期。

里应为亚醜与融氏的共用墓地"。① 在此需要指出的是,苏埠屯墓地虽然出土了数量较多的融族铜器,但是这些融族的铭文铜器出土单位相对集中于86M8 一座墓中,这只能说明 86M8 的墓主人极有可能是融族成员,该墓主人应该是由于族氏间联姻或联合而葬于此。亚醜族铜器在苏埠屯墓地的出土频率最高,这里应该就是亚醜族的墓地。

位于殷墟以南的:

3. 河南荥阳小胡村墓地

2006 年,在河南省荥阳市广武镇小胡村东北约 1.2 公里发现一处晚商墓地,在此共发掘商代晚期墓葬 58 座,均为长方形竖穴土坑墓,大部分有棺、椁,墓底都带有腰坑,且墓中基本都有殉狗。出土各种遗物 405 件,其中铜器 155件。在随葬铜器上共发现不同的铭文单字 4 个,其中有一个字出现的频率最高,共在鼎、卣、觚、爵、戈等 20 多件器物上出现,作 (M22:7)、 (M28:4)、 (M28:5)、 (M28:7)、 (M33:3)形,可隶定为"舌"字。另外 3字仅在 1 件或 2 件器物上出现,而且都和"舌"字同墓共出。据此,发掘者认为"舌"当为氏族名,该墓地应为"舌"氏宗族墓地。② 是说可从。

4. 河南罗山天湖墓地

该墓地位于河南省罗山县蟒张乡后李村,自 1979 年以来共发掘晚商时期墓葬 25 座,出土大量青铜器、玉器和陶器等随葬器物,墓葬年代从殷墟二期延续至四期。其中 1979 年当年清理和发掘了 6 座晚商时期墓葬,其中仅M1 和 M6 保存较为完整,出土了大量随葬器物。③ 1980 年,为配合当地水利灌渠扩建工程建设,信阳地区文管会和罗山县文化馆又对该墓地进行了第二次发掘,此次共发掘了商代墓葬 16 座,出土大量青铜器和玉器。同时还发掘了战国时期墓葬 20 座,这 20 座战国时期墓葬系叠压在商代墓葬之上,大部分没有椁木痕迹,陪葬品主要是陶器,只有少量铜兵器,未见有玉器,墓底没有腰坑,更没有殉人、殉狗的现象。说明这 20 座战国时期墓葬的

① 雒有仓:《商周家族墓地出土族徽铜器与所见族氏结构》,《中国国家博物馆馆刊》2013 年第 4 期。

② a. 贾连敏、曾晓敏、梁法伟、于宏伟:《河南荥阳胡村发现晚商贵族墓地》,《中国文物报》2007 年 1 月 5 日,第 5 版。b. 河南省文物考古研究院:《河南荥阳小胡村墓地商代墓葬发掘简报》,《华夏考古》2015 年第 1 期。c. 河南省文物考古研究院:《荥阳小胡村商周墓地》,中华书局,2022 年。

③ 信阳地区文管会、罗山县文化馆:《河南罗山县蟒张商代墓地第一次发掘简报》,《考古》1981 年第 2 期。

墓主人与罗山天湖商代墓地墓主人的族属和身份都不相同。① 1985 年 6 月,为了配合当地水利工程建设,信阳地区文管会和罗山县文管会又对该墓地进行了第三次抢救性发掘,此次一共发掘了商代晚期墓葬 3 座,出土青铜器、玉器、陶器和石器等共 46 件。②

在罗山天湖墓地已经发掘的 25 座晚商时期墓葬中,有 16 座墓出土铸有铭文的青铜器,总共出土带铭文铜器 46 件,其中有 12 座墓都出土了铸有同一种族氏铭文的铜器,带有这一族氏铭文的铜器总共出土了 30 件。该族氏铭文有几种不同写法,分别作 🅭（M5）、🅰（M8:4）、🅱（M9:7）、🅲（M9:8）、🅳（M28:12）、🅴（M44:11）形,一般简写为"息",息族铜器如此密集地出土于罗山天湖墓地,可以确定这里当为息氏宗族墓地。③

5. 河南正阳闰楼墓地

墓地位于河南省驻马店市正阳县东北十四公里的傅寨乡闰楼村北,南面与罗山天湖墓地相隔约 90 公里。2008 年因墓地被盗而展开抢救性考古发掘和勘探,发现大量各时期遗迹,其中包括商代墓葬 255 座。M71 和 M229 出土铜器铭文:

一般释为"亚禽""示亚禽"和"亚禽父乙",同样的铭文在部分收缴及流失的闰楼墓地青铜器上也多有发现。④ 所以禽、亚禽应该是闰楼墓地的主

① a. 信阳地区文管会、罗山县文化馆:《罗山县蟒张后李商周墓地第二次发掘简报》,《中原文物》1981 年第 4 期。b. 河南省信阳地区文管会、河南省罗山县文化馆:《罗山天湖商周墓地》,《考古学报》1986 年第 2 期。
② 信阳地区文管会、罗山县文管会:《罗山蟒张后李商周墓地第三次发掘简报》,《中原文物》1988 年第 1 期。
③ a. 李伯谦、郑杰祥:《后李商代墓葬族属试析》,《中原文物》1981 年第 4 期。b. 雒有仓:《商周家族墓地所见族徽文字与族氏关系》,《考古》2013 年第 8 期。
④ 驻马店市文物考古管理所:《河南驻马店闰楼商代墓地发掘报告》,《考古学报》2018 年第 4 期。

要族氏铭文,闰楼商代墓地很可能是当时禽族聚葬之地。①

位于殷墟以西的:

6. 山西灵石旌介墓地

该墓地位于山西省晋中市灵石县静升镇旌介村,距离河南安阳市直线距离约240公里。在这里先后发掘了三座墓葬,其年代为殷墟四期至商周之际。该墓地最早发现于1976年,系旌介村村民修建窑洞时掘出一批青铜器,当时的山西省文物工作委员会派人前去清理,证实铜器是出自一座商代墓葬,该墓葬编号M3。1984年至1985年,山西省考古研究所在M3南侧又发掘了两座墓葬,编号M1和M2。灵石旌介墓地虽然目前只发掘了三座墓葬,但这三座墓中均出土有同一种族氏铭文:▨(M1:22)、▨(M2:38)、▨(M3:2),简写为“丙”,据统计三座墓总共出土带铭文铜器43件,其中34件带有族氏铭文“丙”,而且“丙”字铭文在三座墓中的出现频次都是最高的。② 所以“丙”是灵石旌介墓地的主要族氏铭文,该墓地应该是丙族墓地。③

7. 山西闻喜酒务头墓地

墓地位于山西省运城市闻喜县河底镇酒务头村西北,2017年在此发现商代晚期墓葬12座,其中带一条墓道的“甲”字形大墓5座。④ 随葬铜器铭文以族氏铭文为主,其中出现频率最高的是:

（M1:20）、　　（M1:63）、　　（M1:11）等,可释为“匿”,证明这里可能是匿族的族氏墓地。

以及位于殷墟以北地区的:

8. 河北定州北庄子墓地

该墓地位于河北省保定地区定州市西北郊的北庄子村北,1991年6月

---

① 丘山代、刘文阁:《河南正阳出土“禽”铭铜器初探》,《南方文物》2016年第2期。

② 山西省考古研究所:《灵石旌介商墓》,科学出版社,2006年。

③ 李伯谦:《从灵石旌介商墓的发现看晋陕高原青铜文化的归属》,《北京大学学报(哲学社会科学版)》1988年第2期。

④ 白曙璋:《山西闻喜酒务头墓地初识》,《山右吉金——闻喜酒务头商代墓地出土青铜器精粹》,山西人民出版社,2020年。

到 12 月在这里发掘了商代墓葬 42 座,均为土坑竖穴墓,流行殉人和殉狗,年代大致在殷墟二、三期,个别墓可能晚到四期。① 墓中随葬品丰富,共出土铜器 274 件,器型包括鼎、爵、觥和戈等,普遍铸有族氏铭文 🔲🔲(M83:3) 🔲 (M95:1),证明这里是该族的族氏墓地。

　　以上列举了 8 处位于殷墟之外的晚商时期墓地,每处墓地皆有多种族氏铭文出土,但每处墓地都有一种主要的族氏铭文,分别是息、禽、匿、史、丙、亚醜和舌等,这八种族氏铭文在各自墓地中出现的频次最高。除了这八种主要族氏铭文之外,其他出土的族氏铭文所代表的族氏和亚醜、史、息、禽、丙、匿、舌等八个族氏之间必然存在着某种联系,例如联姻、联盟,或者是单纯的铜器交流、赗葬等等。这种在墓葬中出土其他族氏铭文的现象在殷墟并不少见,最著名的例子当属殷墟妇好墓,②该墓中除了随葬大量妇好作器之外,还出土有 🔲 (M5:643)、🔲 (M5:808)、🔲 (M5:823)、🔲 (M5:1173)等族氏铭文。

　　总体来看,在殷墟之外的这 8 处墓地,除了滕州前掌大墓地规模稍大之外,其余七处墓地的规模都不大,都是同一宗族之人埋葬在同一片墓地之中。由此可见,晚商社会存在比较稳定的血缘纽带关系,因此也就完全存在聚族而居的可能。

第二节　殷墟西区墓地族坟墓说辨析

　　通过与殷墟遗址的考古发现相对比,可知上文所列 8 处血缘家族墓地的规模都很小。殷墟的范围接近 30 平方公里,目前已经发掘的晚商时期墓葬超过 7 000 余座,③是这一时期规模最大的聚落。因此,殷墟内部血缘家族墓地的情况与殷墟以外地区是存在差别的。

　　在历年来殷墟发掘的墓地当中,殷墟西区墓地非常重要,由于该墓地发掘墓葬数量众多,出土遗物十分丰富,一直受到学界的持续关注。

　　在西区墓地最早刊布的发掘简报中,资料整理者将发现的 1 003 座殷墓分成八个墓区,认为墓区之间有明显界限,墓向、葬式和陶器组合都存在一

---

① 河北省文物研究所、保定地区文物管理所:《定州北庄子商墓发掘简报》,《文物春秋》1992年增刊。
② 中国社会科学院考古研究所:《殷墟妇好墓》,文物出版社,1980 年。
③ 中国社会科学院考古研究所:《中国考古学·夏商卷》,中国社会科学出版社,2003 年,第295—303 页。

定的差别。并进一步指出这八个墓区的死者生前应属不同集团的成员,这个不同集团的组织形式可暂称为"族"。这八个不同墓区就是八个不同"族"的墓地。① 西区墓地发掘简报提出的这个观点后来被广泛征引,影响深远。② 但是,随着各项研究的不断深入,认为西区墓地是八个族的族坟墓的观点开始渐渐站不住脚了。

朱凤瀚在研究商代家族形态时曾将殷墟西区墓地作为商晚期商人墓地的代表进行分析,他认为简单地将西区墓地的一个墓区认作是一个族的墓地的看法似乎是不够确切的,因为一个墓区内并不仅是单纯的一个族的墓地。③ 他将一个墓区内的墓葬依据随葬陶器组合形式和空间聚合的状态来进一步划分出不同的墓群,墓群之下还可以根据聚合的状态而划分出更小的墓组,每个墓组属于一个主干或直系家族,而每个墓群则属于一个宗族。④ 如此一来,殷墟西区墓地最早划分出的八个墓区之内实则埋葬有多个不同宗族的成员。

韩建业也将殷墟西区墓地进行了划分,他把每个墓区进一步划分为几个分区,八个墓区一共划分出 24 个分区。不少分区之下还可以依据墓葬的空间集结状况进一步划分出墓组,共计划分出 40 个墓组。墓组之下还可以划分出墓群,如此则划分出了 100 余个墓群,每个墓群内的墓葬只有几座到二十几座。⑤ 使用墓葬材料来对当时人的居住模式进行研究时,如此小规模的墓群已经不能和一处居住区相对应了,所以殷墟西区墓地八个墓区所反映出来的居住模式应该不是聚族而居。

随着对殷墟西区墓地进一步的考古发掘,⑥原有的八个墓区扩展到了十个墓区(图二十二),唐际根在西区墓地最近的一篇发掘简报中提到在孝民屯附近发掘的层位关系中存在墓葬打破文化层的现象,表明墓地形成前

① 中国社会科学院考古研究所安阳工作队:《1969~1977 年殷墟西区墓葬发掘报告》,《考古学报》1979 年第 1 期。
② a. 葛英会:《殷墟墓葬的区与组》,《考古学文化论集》,文物出版社,1989 年。b. 唐际根:《殷墟家族墓地初探》,《中国商文化国际学术讨论会论文集》,中国大百科全书出版社,1998 年。c. 何景成:《商周青铜器族氏铭文研究》,齐鲁书社,2009 年,第 27 页。d. 雒有仓:《商周家族墓地所见族徽文字与族氏关系》,《考古》2013 年第 8 期。
③ 朱凤瀚:《商周家族形态研究(增订本)》,第 101 页。
④ 朱凤瀚:《商周家族形态研究(增订本)》,第 109 页。
⑤ 韩建业:《殷墟西区墓地分析》,《考古》1997 年第 1 期。
⑥ a. 中国社会科学院考古研究所:《殷墟发掘报告(1958—1961)》,文物出版社,1987 年,第 260 页。b. 中国社会科学院考古研究所:《殷墟的发现与研究》,科学出版社,1994 年,第 121 页。c. 中国社会科学院考古研究所安阳工作队:《河南安阳市殷墟孝民屯东南地商代墓葬 1989~1990 年的发掘》,《考古》2009 年第 9 期。

曾有居民生存于此。由此而提出：近年的考古发掘表明，过去所作的"墓区"划分，未必反映了当地商墓的实际分布状况。所谓"殷墟西区墓地"，实际上可能是居址与墓地相夹杂的关系。① 如此一来，用"族坟墓"的思路来分析殷墟西区墓地则更加行不通了。

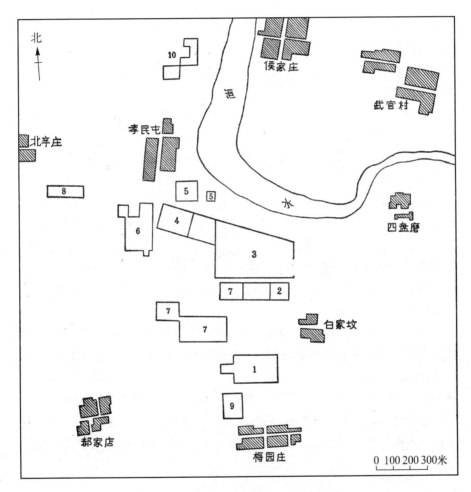

图二十二　殷墟西区墓葬发掘区位置图

(1-10. 墓区编号)

（引自中国社会科学院考古研究所：《殷墟的发现与研究》图六四，科学出版社，1994年，第122页）

殷墟作为晚商时期四方汇聚的大都邑，人群来源复杂多样，其居民是由很多个族的成员共同组成的，此前已有学者指出：殷商时期，居住在殷墟聚

————————

① 中国社会科学院考古研究所安阳工作队：《河南安阳市殷墟孝民屯东南地商代墓葬1989~1990年的发掘》，《考古》2009年第9期。

落内的居民并不是由单一族系的"子"姓族氏组成的,当地的居民至少应该包括子姓、姜姓、妘姓、改姓等多个族氏,同时还可能存在有任姓族氏。① 另据何景成统计,殷墟出土的族氏铭文有 150 多种,基本上商代比较常见的族氏铭文,在安阳均有发现。② 虽然我们不能认为在殷墟发现的族氏铭文所代表的族氏都居住在殷墟,但与殷墟之外的地区相比,居住在殷墟的族氏显然要复杂得多。前文列举的在殷墟以外地区血缘宗族墓地出土的主要族氏铭文,在殷墟基本都能发现,而且还是和其他族氏铭文共同存在于一处墓地(或墓区)之中,例如山东滕州前掌大墓地已经确知是史族的宗族墓地,在殷墟刘家庄南地 M32 中只出土了一种族氏铭文"史",③说明其墓主人应该是史族成员。而刘家庄南地墓葬群还出土有"息"(M63)、"亚疑"④(M22)、"夕"⑤(M19)等族氏铭文。同样在殷墟西区墓地第一墓区的 M2575 中也只出土一种族氏铭文 🐾(史),⑥所以 M2575 墓主人应该也是史族成员,由此可见,史族成员生前应该是居住在殷墟不同的区域。

又如山西灵石旌介墓地是丙族墓地,而殷墟西区墓地第三墓区(M697)就出土有相同的族氏铭文 🏹,而第三墓区还出土了 🐾(M354)、🐾(M875)、🐾(M198)、🐾(M727)、🐾 □(M764)、🐾(M355,M613)、🐾(M793)、🐾(M374)、🐾(M699)、🐾(M856)、🐾(M692)等十余种族氏铭文,说明大约有十多个不同族氏的成员和丙族成员一同埋葬在殷墟西区墓地第三墓区内。

再如荥阳小胡村晚商墓地是"舌"族的家族墓地,而在殷墟薛家庄北1933 年曾经因盗墓而集中出土过一批"舌"铭铜器,这批铜器旋即流散在各地,据汤威推测,其中"舌"铭铜器至少有 14 件以上,器型包括鼎、簋、尊、卣、觯、斝、瓿、爵等等,其年代与后来小胡村墓地出土的铜器相当。⑦ 1933 年薛家庄北殷墓的具体情况已不得而知,但可以确信其墓主人为"舌"族的重要人物。根据后来对殷墟遗址持续的考古工作发现,薛家庄北殷墓其实与后

---

① 陈絜:《试论殷墟聚落居民的族系问题》,《南开学报(哲学社会科学版)》2002 年第 6 期。
② 何景成:《商周青铜器族氏铭文研究》,第 232 页。
③ a. 安阳市博物馆:《安阳铁西刘家庄南殷代墓葬发掘简报》,《中原文物》1986 年第 3 期。b. 安阳市文物工作队、安阳市博物馆:《安阳殷墟青铜器》,中州古籍出版社,1993 年,图版二三,第 52 页。
④ 安阳市文物工作队、安阳市博物馆:《安阳殷墟青铜器》,图版一四,第 47 页。
⑤ 安阳市文物工作队、安阳市博物馆:《安阳殷墟青铜器》,图版二四,第 53 页。
⑥ 中国社会科学院考古研究所:《殷墟青铜器》,文物出版社,1985 年,测绘图及拓片部分图62.1,图版说明部分第 469—470 页。
⑦ a. 汤威:《舌族探微——1933 年安阳薛家庄殷墓稽考》,《中原文物》2011 年第 3 期。b. 汤威:《郑州出土舌铭铜器考》,《中国国家博物馆馆刊》2011 年第 10 期。

冈墓地属于同一片墓地,①而后冈墓地出土的族氏铭文远不止"舌"一种(图二十三),由此可知在殷墟的"舌"族也是与众多他族之人埋葬在一起的。

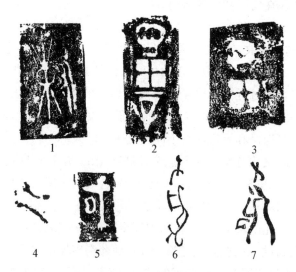

图二十三   后冈出土铜器铭文

1. 觥盖 M9:1   2. 爵 M33:12   3. 瓯 M33:3   4. 爵 M9:11
5. 爵 M21:3   6. 方爵 M9:4   7. 方爵 M9:10

(由中国社会科学院考古研究所安阳队:《1991 年安阳后冈殷墓
的发掘》图二九、三○改绘,《考古》1993 年第 10 期)

通过对晚商时期殷墟地区和殷墟以外地区墓地出土族氏铭文分布规律的对比研究,②可以发现,在殷墟之外,同一处晚商墓地当中经常都是存在一种主要族氏铭文,说明该墓地埋葬的很多都是同一族氏的成员,血缘家族的纽带力量比较强大。反观殷墟地区,一处墓地或墓区中都存在多种族氏铭文(有很多是同一时期内就存在多种族氏铭文),这其中虽然有赗赙、联姻等多种可能,但仍然能够说明有多个族氏的成员同时在这一处墓地中埋葬。不仅如此,同一种族氏铭文在殷墟多个墓地(墓区)中都有发现。

殷墟同一墓地(或墓区)中墓葬的规格也存在差异,这说明其墓主人的身份等级存在高低之分。以第三墓区为例,其中墓室面积狭小、仅有少量陶器随葬者,墓主生前应该是属于平民阶层;而墓室面积宽大、墓葬带有墓道、

---

① 中国社会科学院考古研究所:《殷墟的发现与研究》,科学出版社,1994 年。

② 雒有仓:《商周家族墓地出土族徽铜器与所见族氏结构》,《中国国家博物馆馆刊》2013 年第 4 期。该文结尾处已经提到"在殷墟以外,由于各墓地的墓葬数量相对较少,出土族徽的种类不是很多,族组织规模较小,族氏结构显得较为简单;在殷墟地区,由于它是国都所在,人口密集,族氏众多,墓葬分布密集,有些与居住遗址和手工作坊等遗迹混在一起,各墓地出土族徽种类较多,墓群或墓区的区分困难,族氏结构显得较为复杂。"

随葬青铜礼器、甚至还有殉人者,墓主人生前显然应该属贵族阶层。平民和贵族两个阶层的人群共同埋葬于一个墓区之中,说明不同阶层的人群生前也有可能是居住在同一片居住区内。

从考古学文化的角度着眼,也能发现晚商时期殷墟地区居民的族属构成并不单一,这在本文的第二章中已经提到过。首先是商文化在形成过程中就曾融合不同的族群,考古发现的早商文化是殷墟晚商文化的前身,在早商文化形成与发展过程中吸收了大量周边地区的考古学文化成分,更为重要的是,早商文化还继承了此前夏代的二里头文化。① 所以商王朝在建立之初就融合了夏遗民和周边诸种不同文化传统的人群。作为其都城的郑州商城就是由不同文化背景的人群汇聚发展起来的,在其早期遗存中能辨识出下七垣文化、二里头文化和岳石文化等因素,显示出来自不同地区的人群快速汇入到郑州商城。在随后的城市建设过程中仍旧受到来自南部长江流域和东部岳石文化的影响,但文化面貌逐步趋于单一和稳定。"物质文化的趋同性与郑州商城中大型夯土建筑、城垣、随葬铜容器的墓葬等基本同步营建,也暗示出郑州商城高等级遗存的建立,特别是布局规划中,自上而下的力量对普通群体行为的改变。"②这种自上而下的力量显然是一种行政权力,具体施行过程中,血缘家族的作用是主要的,但对不同族群的整合则是超越血缘的。

商王朝政治中心迁出郑州地区之后,当地晚商时期聚落的数量、规模及层级都急剧下降,且位置大多与早商时期不重合,避开了郑州商城、小双桥等原中心都邑,且晚商时期当地存在外来的文化因素,这说明伴随着中心都邑的转移,郑州地区晚商时期人口数量下降的同时,也应存在一部分外来人口的迁入。与这些聚落遗址相对应的墓地规模也不大,就墓地内墓葬的排列方式来看,存在两种情况:一种是墓地之中墓向基本保持一致,例如黄河路口晚商墓地绝大多数为东西向。③ 另一种则是在同一墓地之中,南北向与东西向墓相互穿插排列,如关帝庙遗址。④ 上述现象说明墓地内人群应存在不同的社会身份认同。结合当地晚商时期存在较多新兴的聚落,可以认为晚商时期郑州当地基层聚落的人群构成有多种情况,既有单

---

① a. 王立新、朱永刚:《下七垣文化探源》,《华夏考古》1995 年第 4 期。b. 王立新:《早商文化研究》,高等教育出版社,1998 年。

② 孙卓:《郑州商城与偃师商城城市发展进程的比较》,《考古》2018 年第 6 期。

③ 郑州市文物考古研究院:《郑州黄河路 109 号院殷代墓葬发掘简报》,《中原文物》2015 年第 3 期。

④ 河南省文物考古研究所:《河南荥阳市关帝庙遗址商代晚期遗存发掘简报》,《考古》2008 年第 7 期。

纯外来人口组成的聚落,也可能存在与原住民混合定居的聚落。郑州地区晚商时期还有人民公园①和小胡村②两处年代上前后相继的高等级贵族墓地,说明在基层中小聚落之上还存在一处高等级聚落来实现地域控制。这在一定程度上表明当地存在以血缘为基础的地缘关系组织,并可延续至西周早期。③

晚商时期,在殷墟不断发展的过程中也还有其他族群加入进来。例如在殷墟孝民屯遗址发现的半地穴式建筑群,这种房屋建筑形式在殷墟遗址已不是当时的主要建筑形式,房基内发现的生活遗迹和遗物表现出与殷墟文化的不同,说明其房屋的主人与殷人有所不同。何毓灵对此类建筑形式进行了分析,并结合出土陶器的特征,认为这类建筑物的主人最大可能是来自当时西北方或西方的族群。④

再者,从对殷墟中小墓人骨所做体质人类学的研究来看,晚商时期殷墟居民的体质类型包括"古中原类型"和"古东北类型"两种,⑤此外,还存在有来自诸如当时东夷人群的踪迹。⑥ 而少有的对殷墟古人类 DNA 的检测研究中,研究者从大司空遗址的中小型墓葬和灰坑中随机选取了 6 例人骨进行线粒体 DNA 研究,确定为 6 个不同的单倍型,归属于 D、N9a、Z 和 B 共 4 个不同的单倍型类群,这些单倍型类群都普遍存在于现代欧亚大陆东部,在南北方汉族中都不同频率地包含这些单倍型类群。虽然检测的样本量很少,但是检测结果依旧提示殷墟晚商居民的组成应该是复杂多样的,结合此前体质人类学和考古学研究成果,可以认为殷墟平民阶层的人群来源可能是多元的。⑦

综上所述,殷墟作为晚商时期的通都大邑,是当时经济、文化交流的中心,为来自不同地域、不同族属的人群提供了一个互相交流的平台,其内部

① 河南省文物考古研究所:《郑州商城——1953～1985 年考古发掘报告》,文物出版社,2001 年。
② a. 贾连敏、曾晓敏、梁法伟、于宏伟:《河南荥阳胡村发现晚商贵族墓地》,《中国文物报》2007 年 1 月 5 日,第 5 版。b. 河南省文物考古研究院:《河南荥阳小胡村墓地商代墓葬发掘简报》,《华夏考古》2015 年第 1 期。c. 河南省文物考古研究院:《荥阳小胡村商周墓地》,中华书局,2022 年。
③ 刘亦方、张东:《郑州地区晚商社会重组的考古学观察》,《华夏考古》2022 年第 2 期。
④ 何毓灵:《试论安阳殷墟孝民屯遗址半地穴式建筑群的性质及相关问题》,《华夏考古》2009 年第 2 期。
⑤ 韩康信、潘其风:《安阳殷墟中小墓人骨的研究》,《安阳殷墟头骨研究》,文物出版社,1985 年,第 50—82 页。
⑥ 原海兵:《殷墟中小墓人骨的综合研究》,吉林大学博士学位论文,2010 年,第 143—176 页。
⑦ 曾雯、李佳伟、岳洪彬、王明辉、周慧、朱泓:《2004 年殷墟大司空遗址出土人骨线粒体 DNA 研究报告》,《华夏考古》2018 年第 2 期。

居民的族属构成十分复杂。考古发现的一处墓地或墓区之中存在有埋葬不同族氏成员的现象,由此推测殷墟居民应当不是纯粹而普遍地聚族而居。所以,殷墟势必会存在超越血缘纽带的地域性居民组织。

第三节 小 结

关于晚商时代的基层地域组织,我们首先来看传世文献方面的记载,《逸周书·商誓》:"王若曰:告尔伊旧何父。□□□□几、耿、肃、执,乃殷之旧官人序文□□□□,及太史比(友),小史昔(友),及百官里居(君)献民。"《商誓》篇当中还有一句"予既殛纣承天命,予亦来休命。尔百姓里居君子,其周即命。"①"里居君子"即为"里君"的讹衍之文。②《逸周书·商誓》成书于西周时代,是武王克殷后对殷人讲的话,极具史料价值。

如果说上引《逸周书·商誓》篇中的记载作为晚商时期就已经存在"里"的证据还不够充分的话,那么《尚书·酒诰》的相关记载则更加直白。《尚书·酒诰》:"在昔殷先哲王……越在外服,侯甸男卫邦伯,越在内服,百僚庶尹惟亚惟服宗工越百姓里居(君),罔敢湎于酒。"③《酒诰》篇同样成书于西周时代,乃是周公命令卫康叔在卫国宣布戒酒的诰辞,可信度是比较高的。

这两篇传世文献都提到商代官员之中有和"百姓"并举的"里君",百姓指的是由族长担任世官的包含了诸多异姓的世族,④里君则是管理里这种地域组织的官员,所以,根据传世文献的记载,晚商时代就已经存在"里"这种基层地域组织了。

另外,《尚书·盘庚上》记载了盘庚对其臣民讲"古我先王暨乃祖乃父胥及逸勤,予敢动用非罚? 世选尔劳,予不掩尔善。兹予大享于先王,尔祖其从与享之。"⑤这说明跟随盘庚迁徙至殷墟的人群中,有的不与盘庚拥有共同的祖先,这进一步说明了后来殷墟居民族属的复杂性。而盘庚要求他们"各长于厥居,勉出乃力,听予一人之作猷",则表明他们当中有的人实际

① 黄怀信、张懋镕、田旭东撰,黄怀信修订,李学勤审定:《逸周书汇校集注》,第449—456页。
② 裘锡圭:《关于商代的宗族组织与贵族和平民两个阶级的初步研究》,《文史》第17辑,1983年,后收入氏著:《古代文史研究新探》,第316页。
③ 江灏、钱宗武译著,周秉钧审校:《今古文尚书全译》,贵州人民出版社,2009年,第230页。
④ 林沄:《"百姓"古义新解——兼论中国早期国家的社会基础》,《吉林大学社会科学学报》2005年第4期。
⑤ 江灏、钱宗武译著,周秉钧审校:《今古文尚书全译》,贵州人民出版社,2009年,第123页。

上是一个居住区的官长,①有统领辖区内居民的权力。所以林沄先生提出:"把众多不同姓的宗族按地域组成里,似乎不是从西周才开始的。"②里这种地域组织至少在晚商时期就已经出现,但发展很不充分,目前所见晚商甲骨卜辞和金文中都没有关于里的直接记载,上引文献也都是西周时人的追述。但是通过对殷墟考古发掘资料的解读,可知晚商已经存在地域性居民组织的萌芽。

在此还需要说明的是:晚商时期居民的基层组织主要是以血缘家族为纽带,血缘亲族关系是当时人们之间的主要社会关系。地域性的基层组织从出现到发展壮大经历了一个漫长的演变历程,在晚商时期,仅是在殷墟都邑内部开始出现。之后的西周时期,周人统治者面对更加复杂的统治局面,才将地域性居民组织作为控制、管理居民的有效手段而发展壮大。

晚商之前,地域性居民组织又是处在怎样的发展阶段呢?在早商文化阶段,商王朝就已经有吸收、整合不同族属来源人群的行为,当时的人群构成已经是比较复杂了。向前追溯至夏代,作为其都城的二里头遗址,根据许宏的研究,在这里罕见统一安排死者的公共墓地,多见单独的墓葬和由若干成排墓葬组成的小型墓群,他由此进一步推测二里头遗址罕见有组织的、经正式规划的埋葬区域,可能暗寓着其缺乏一个总体性的直系血亲体系。③二里头遗址从出现到发展至鼎盛阶段,其规模的快速扩张也说明可能有外来人口的注入。所以夏代都城二里头遗址的人群构成应该也是多种多样的。

但是,无论是早商时代还是更早之前的夏代,其地域性居民组织的发展程度想必是不甚充分的。因为从考古发现的角度来讲,直至晚商时期才在其都城中出现了像殷墟西区墓地这样大规模的埋葬区,在这里总共发现有大约两千座晚商时期墓葬。④ 在此之前从未有过如此大规模的墓葬规划,早商时期、夏代乃至新石器时代都未曾发现过有如此大规模的墓地。只有

① 林沄:《"百姓"古义新解——兼论中国早期国家的社会基础》,《吉林大学社会科学学报》2005年第4期。
② 林沄:《"百姓"古义新解——兼论中国早期国家的社会基础》,《吉林大学社会科学学报》2005年第4期。
③ 许宏、刘莉:《关于二里头遗址的省思》,《文物》2008年第1期。
④ a. 中国社会科学院考古研究所安阳工作队:《1969~1977年殷墟西区墓葬发掘报告》,《考古学报》1979年第1期。b. 中国社会科学院考古研究所:《殷墟发掘报告(1958~1961)》,文物出版社,1987年,第260页。c. 中国社会科学院考古研究所:《殷墟的发现与研究》,科学出版社,1994年,第121页。d. 中国社会科学院考古研究所安阳工作队:《河南安阳市殷墟孝民屯东南地商代墓葬1989~1990年的发掘》,《考古》2009年第9期。

进入到晚商时期之后,其都城殷墟的规模不断发展壮大,不同族群的人口大量集聚到了一定的程度,才出现了像西区墓地这样大规模的墓葬规划行为,才会有与之相应的经过规划、并带有地缘特征的人群居住模式,在这种条件之下才有了地域性居民组织的初步发展。而在晚商之前,人群结构的复杂化才刚开始,地域性居民组织的发展还很不充分,血缘家族纽带是维系人群关系的主要手段。

本章对地域性居民组织的来源进行探索,商代文献中并没有关于"里"的直接记述,根据西周文献中对殷商时期里君的追述,以及安阳殷墟晚商遗存的相关考古发现,认为地域性居民组织在晚商时期已经出现,而在此之前的早商时期、乃至夏代,由于出土文献和传世文献的缺失,仅凭目前考古发现提供的资料尚难以对其做充分地研究,仅推测其发展状态尚处于萌芽阶段。

结　语

　　在本书的最后,还需要对基层地域组织在中国古代是如何形成及发展的原因问题做一个总结。

　　对于一个政权而言,对所属臣民的控制是权力实现的重要途径,无论是征收赋税还是征发徭役、兵役,都离不开对臣民有力的控制,这也是地域性基层组织出现的原因。在地域性基层居民组织出现之前,权力的实现通常都是依靠天然的血缘纽带,每一个社会成员都可以通过自己的出身确定家族归属,而统治阶层就是通过血缘家族(或更高层级的宗族、部族)来实现对人群的组织和管理的。当单纯依靠血缘纽带不足以实现对所有居民进行控制时,地缘组织随之应运而生。而地域组织之所以能够形成,还需要一个前提,就是大量的、不同族属的人群混居在一起,这一点在中外历史上似乎是一致的。恩格斯在《家庭、私有制和国家的起源》一书中分析雅典国家的产生时指出:"由于地产的买卖,由于农业和手工业、商业和航海业之间的分工的进一步发展,氏族、胞族和部落的成员,很快就都杂居起来;在胞族和部落的地区内,移来了这样的居民,他们虽然也是本民族的同胞,但并不属于这些团体,因而他们在自己的居住地上被看作外人……这就扰乱了氏族制度机关的正常活动……"① 在这种人群杂居的情况下,地域组织逐渐开始出现,首先是"在梭伦以前的一个不能确知的时期,设置了诺克拉里,即小规模的区,每个部落设十二个;每一个诺克拉里必须提供一只战船,配备上武器和船员,此外,还要提供两个骑士。这个设施对氏族制度起了双重的破坏作用;第一,它造成了一种已不再直接等同于武装起来的全体人民的公共权力;第二,它第一次不依亲属集团而依共同居住地区为了公共目的来划分人民"。② 然后是当氏族、胞族和部落的成员遍布于全阿提卡并完全杂居在一

---

① 恩格斯著,中共中央马克思恩格斯列宁斯大林著作编译局译:《家庭、私有制和国家的起源》,人民出版社,1999 年,第 112—113 页。

② 恩格斯著,中共中央马克思恩格斯列宁斯大林著作编译局译:《家庭、私有制和国家的起源》,第 117 页。

起时,一种全新的组织——德莫产生了,"全阿提卡被划分成一百个区域,即所谓德莫,分别实行自治……十个这样的单位,即德莫,构成一个部落,但是这种部落和过去的血缘部落不同,现在它被叫作地区部落……结果组成了雅典国家,它是由 10 个部落所选出的 500 名代表组成的议事会来管理的……"。① 所以,依据恩格斯的研究,地域组织是雅典国家形成的基础。

在古代中国,不同族属、不用来源的人群杂居同样是基层地域组织形成的前提,然而这个前提实现的方式却与古代雅典不同,因为在中国,农耕文明十分发达,②人们的生产和生活与赖以生存的土地紧密联系在一起,不同族属、来源的人群混居不是由于地产的买卖、或是农业和手工业、商业和航海业之间的分工的进一步发展,而是由于政治的因素才实现的。在夏商周时代,王朝国家形成之后,③出现了一些规模较大的、都城性质的中心聚邑,在这样的聚邑之中,由于中央王朝整合不同族属人群的行为(尤其是新王朝建立过程中部族间的联合,以及新王朝出现后吸收前朝遗民的行为),造成了人群杂居的状况。所以在古代中国,基层地域组织是在国家形成之后,才开始在其大规模城邑,尤其是都邑之中出现的,政治因素在地域组织形成过程中起到了主导的作用。

具体来讲,本文所探讨的西周时代基层地域组织的实现方式有两种。

一种是里,这种地域组织至少在晚商时代就已经出现了。到了西周时期,周人从商人那里将里继承了下来,并在其统治范围内广泛实行,不仅仅是在成周这样的都城当中设有里,在地方上,例如史颂鼎铭文(集成 2787)中的"苏"、宜侯夨簋铭文(集成 4320)中的"宜"都设有里。九年卫鼎铭文(集成 2831)中的"林𧗊里"似乎在地理位置上紧邻"颜林",倘若如此,则说明林𧗊里可能不在城市之中。由此推想,一种可能是西周时的里已经开始在城市以外的地区设置了;再一种可能就是当时的城市范围之内就存在许多个较小的聚落,一座都市就是一个聚落群,这些聚落之间仍旧分布着农田和林地,聚落中居住的人们有的就依靠这些农田和林地维持生计。所以,被称为"林𧗊里"的那个聚落周边就环绕着农田和山林。④ 这也为我们复原商

① 恩格斯著,中共中央马克思恩格斯列宁斯大林著作编译局译:《家庭、私有制和国家的起源》,第 120—121 页。

② 裘锡圭:《甲骨文中所见的商代农业》,收入氏著:《古文字论集》,中华书局,1992 年,第 154—189 页。该文收集了晚商甲骨卜辞中大量与农业生产相关的记载,足证当时农业占有重要的地位。

③ 郭沫若:《中国史稿》,人民出版社,1976 年,第 136—137 页,认为中国古代国家起源于夏代。

④ 九年卫鼎铭文也可证明刘兴唐、田昌五等学者认为里只存在于城市之中的看法是不正确的。

周时代城市布局的特征提供了一种可能。① 作为地域性的区划,里中居民的族属和身份可以是各不相同的,周人、商人,贵族、庶民,都有可能居住在同一里中。最后,根据西周金文中的相关记载,里还可以在贵族之间完成赐予和交易。

西周基层地域组织另一种实现方式是师,即西周金文和历史文献记载中的西六师、殷八师(又称成周八师),其中殷八师、成周八师只见于西周金文。师是一种兵农合一的地域性居民组织,这是与西周时期以征集制为主要兵制密切相关的。师的主要职能是保障兵源供给,因而其本身就具备农业生产的能力,这一点可从西周金文盠方尊(《集成》6013)、曶壶盖(《集成》9728)中得到证明。② 西周时代的师与上文提到的古代雅典的诺克拉里十分相似,两者最初设立的目的都是保障兵源供给,在此前提下却打破了聚落中原有的血缘关系。从发展阶段的角度来看,师和诺克拉里都是基层地域组织形成的初期形态。

还有一种情况必须要说明,那些以血缘关系为基础的基层聚落内部的社会结构并非一成不变的。以西周时代的农村地区为例,因为当时社会上层的人群掌握有丰富的社会资源,所以有能力保持其宗族体系的完整。③ 而处于社会下层的被统治人群,由于其通常依附于贵族阶层,当贵族阶层各家族之间发生权力与经济利益的争端时,作为被统治阶层的农民,有可能会在国与家或各家族之间辗转易手,如此,农村聚落内部的血缘关系和手工技艺世代相传的手工工匠家族比起来,更容易被打破。根据陈絜的研究,到了西周中晚期,原先用以维系农村聚落共同体社会关系的血缘纽带正渐次被撕裂。④ 也就是说农村地区的基层聚落最初是带有明显的血缘特征的,而随着社会的发展,这些农村基层聚落内部也会出现地缘因素,从而向地域化

① 以晚商都城殷墟为例,郑若葵在其所撰《殷墟“大邑商”族邑布局初探》一文中对殷墟晚商遗存的分布情况进行了总括性地研究,并得出结论:殷墟的内部以宫殿宗庙区为中心,周围簇拥着若干族邑。唐际根、荆志纯合撰《安阳的“商邑”与“大邑商”》一文也认为“大邑商”系由密集分布的诸多小型商邑构成的王都。所以,整个殷墟实则是由一个个较小的聚落组成的聚落群,这个聚落群的外缘尚未见有城墙环绕。

② 于省吾:《略论西周金文中的“六自”和“八自”及其屯田制》,《考古》1964年第3期。

③ 以位于今天山西曲沃天马—曲村的晋侯墓地为例,整个墓地共发现有9组晋侯及其夫人墓葬,以及祔葬的车马坑、祭祀坑和陪葬墓,而不见晋国其他贵族家族或平民的墓葬。研究显示,该墓地是西周早期至春秋初年9代晋侯及其夫人的墓地,是名符其实的晋侯家族墓地。由此可知:作为晋国最高统治者的晋侯家族,在几百年间始终保持着其家族体系的完整。关于晋侯墓地考古发现的情况详见中国社会科学院考古研究所:《中国考古学·两周卷》,第86—98页。

④ 陈絜:《周代农村基层聚落初探》,收入氏著:《新出金文与西周历史》,第124页。

的基层组织转变。

中国古代的基层地域组织从产生到发展壮大经历了一个漫长的历史过程,大概直至春秋战国时期,由于铁质农具开始应用于农业生产并逐渐流行起来,农业生产效率得到明显提升,由此带来了两方面的巨大变化,首先是人口的增加,同等人力条件下的农业产出可以养活更多的人口;其次是以核心家庭为基本单位的独立农户在经济生产层面上能够从原有社会组织中脱离出来,农户的流动开始变得十分活跃。这两方面的变化促使"里"这种地域性居民组织实现了更进一步的普及化,例如包山楚简中提到某人的籍贯时,很多都会涉及所居住的里。这一时期另一个显著的特征是基层地域组织存在层级化现象,东周以来的多种文献都有相关记载,例如《国语·齐语》记载国中"五家为轨,轨为之长;十轨为里,里有司;四里为连,连为之长;十连为乡,乡有良人焉",鄙中"三十家为邑,邑有司;十邑为卒,卒有卒帅;十卒为乡,乡有乡帅;三乡为县,县有县帅;十县为属,属有大夫"。[1]《管子·小匡》中的记载与之类同,国中分为轨、里、连、乡、师五级,鄙中分为轨、邑、率、乡、属五级。[2] 这里还能看出东周齐国的又一特点,就是国和鄙的基层地域组织的设置存在差别。再如《鹖冠子·王鈇》[3]:"五家为伍,伍为之长;十伍为里,里置有司;四里为扁,扁为之长;十扁为乡,乡置师;五乡为县,县有啬夫治焉;十县为郡,有大夫守焉……",[4]《汉书·晁错传》追述古制:"使五家为伍,伍有长;十长一里,里有假士;四里一连,连有假五百;十连一邑,邑有假候……",[5]都是居民组织层级化的反映。类似的文献还有《周礼·地官·大司徒》所载国中的比、闾、族、党、州、乡和《周礼·地官·遂人》所载野中的邻、里、酂、鄙、县、遂,[6]以及《吕氏春秋·怀宠》中里、乡、邑、国[7]的层级划分,等等。这种地域组织层级化和国野分治的现象在西周时期尚没有明确的发现,所以晚商至西周时期的基层地域组织还只是处在一个初步形成并逐渐发展的阶段,当时社会关系中的地缘成分发展得还很不充分,聚族而居、聚族而葬依旧是当时主流的社会形态,血缘宗族关系仍旧是当时人们的主要社会关系。

---

① 上海师范大学古籍整理研究所校点:《国语》,第 231、237 页。

② 黎翔凤、梁运华:《管子校注》,中华书局,2004 年,第 400 页。

③ 据李零考证:《鹖冠子》成书于东周,详见《中国古代居民组织的两大类型及其不同来源——春秋战国时期齐国居民组织试析》,《文史》第 28 辑,中华书局,1987 年。

④ 黄怀信:《鹖冠子校注》,第 172—174 页。

⑤ 班固:《汉书》,第 2289 页。

⑥ 孙诒让撰,王文锦、陈玉霞点校:《周礼正义》,第 751、1121 页。

⑦ 许维遹:《吕氏春秋集释》,中华书局,2009 年,第 173 页。

　　本文着力于更多地使用考古学资料,并结合出土文献和传世的历史文献材料共同来论证西周时代基层地域组织的存在和发展状况,对于此前学界认为的晚商至西周时期普遍的生则聚族而居、死则聚族而葬的观点提出了反证。在以血缘宗族为主流的社会形态之外,至少在殷墟就已经存在地域性的居民组织。到西周时期,地域性居民组织进一步发展,有"里"和"师"两种实现形式,其功能都是控制人民,保证兵役、徭役等赋役的供给。此外,还尝试着对中国古代基层地域组织形成的原因做了一番探究。

　　中国先秦历史中的晚商至西周阶段,考古发现、出土文字和传世文献三方面的材料并存,这些材料都可以而且应该用来为探索这个阶段的历史服务,只有全面掌握与这个时段相关的所有信息,才有可能对某些问题有比较全面的认知。

　　由于目前考古资料的局限性,本书无法对中国古代基层地域组织究竟起源于何时、西周时"里"的规模究竟有多大等问题做出精确的回答,对于西周时基层地域组织在城市和农村中的设置和具体布局情况也无从探究,因而本书只是对西周或更早时代存在地域性基层居民组织之事提出了自己的一些想法,同时也对目前夏商周考古长期忽视的发掘目标发出由衷的呼吁:期望能对夏商周时代的城市和乡村的普通居住遗址关注起来,发掘出像新石器时代那样完整的聚落。

　　再者,本书中涉及的很多早年间发掘的商周时期的墓地,很多科技考古的方法在当时都还没有开始使用,对墓主人骨骼也只进行性别、年龄和病理等初步分析。将来也许随着体质人类学古人种研究的逐步开展和古人类DNA鉴定技术的日趋成熟,商周时期墓地中所葬人群的族属研究会进入到一个新阶段。相信随着新出土资料的不断丰富、新的科技手段的不断引入,人们对古代中国地缘政治形成与发展的认识也将会不断向前推进。

参 考 文 献

A

安阳市博物馆:《安阳铁西刘家庄南殷代墓葬发掘简报》,《中原文物》1986
　　年第 3 期。

安阳市博物馆:《安阳郭家庄的一座殷墓》,《考古》1986 年第 8 期。

安阳市文物工作队:《殷墟戚家庄东 269 号墓》,《考古学报》1991 年第
　　3 期。

安阳市文物工作队、安阳市博物馆:《安阳殷墟青铜器》,中州古籍出版社,
　　1993 年。

安阳市文物工作队:《安阳市殷代墓葬发掘简报》,《华夏考古》1995 年第
　　1 期。

安阳市文物工作队:《1983~1986 年安阳刘家庄殷代墓葬发掘报告》,《华夏
　　考古》1997 年第 2 期。

安阳市文物工作队:《1995~1996 年安阳刘家庄殷代遗址发掘报告》,《华夏
　　考古》1997 年第 2 期。

安阳市文物考古研究所:《安阳殷墟徐家桥郭家庄商代墓葬——2004~2008
　　年殷墟考古报告》,科学出版社,2011 年。

B

宝鸡市考古工作队:《陕西宝鸡市高家村遗址发掘简报》,《考古》1998 年第
　　4 期。

班固:《汉书》,中华书局,1962 年。

北京大学考古文博学院、北京大学古代文明研究中心:《吉金铸国史——周
　　原出土西周青铜器精粹》,文物出版社,2002 年。

北京大学考古文博院,山西省考古研究所:《天马——曲村遗址北赵晋侯墓
　　地第六次发掘》,《文物》2001 年第 8 期。

北京大学考古系、山西省考古研究所：《1992 年春天马——曲村遗址墓葬发掘报告》，《文物》1993 年第 3 期。

北京大学考古学系、山西省考古研究所：《天马——曲村遗址北赵晋侯墓地第二次发掘》，《文物》1994 年第 1 期。

北京大学考古学系、山西省考古研究所：《天马——曲村遗址北赵晋侯墓地第五次发掘》，《文物》1995 年第 7 期。

北京大学考古学系商周组、山西省考古研究所：《天马—曲村（1980—1989）》，科学出版社，2000 年。

北京市文物研究所：《琉璃河西周燕国墓地 1973—1977》，文物出版社，1995 年。

卜宪群：《春秋战国乡里社会的变化与国家基层权力的建立》，《清华大学学报（哲学社会科学版）》2007 年第 2 期。

C

蔡运章：《康伯壶盖跋》，《文物》1995 年第 11 期。

蔡运章：《洛阳北窑西周墓青铜器铭文简论》，《文物》1996 年第 7 期。

蔡运章、安亚伟：《西周陶簋所见图画、筮数和文字简论》，《考古》2007 年第 2 期。

曹玮：《周原遗址与西周铜器研究》，科学出版社，2004 年。

曹玮：《周原出土青铜器》，巴蜀书社，2005 年。

长水：《岐山贺家村出土的西周铜器》，《文物》1972 年第 6 期。

晁福林：《先秦社会形态研究》，北京师范大学出版社，2003 年。

陈公柔：《西周金文中的新邑、成周与王城》，《庆祝苏秉琦考古五十五年论文集》，文物出版社，1989 年。

陈絜：《试论殷墟聚落居民的族系问题》，《南开学报（哲学社会科学版）》2002 年第 6 期。

陈絜：《商周姓氏制度研究》，商务印书馆，2007 年。

陈絜：《血族组织地缘化和地缘组织血族化——关于周代基层组织与基层社会的几点看法》，《社会科学战线》2009 年第 1 期。

陈絜：《周代农村基层聚落初探》，《新出金文与西周历史》，上海古籍出版社，2011 年。

陈絜：《竹简所见楚国居民里居形态初探》，《徐州工程学院学报（社会科学版）》2013 年第 2 期。

陈佩芬：《上海博物馆新收集的西周青铜器》，《文物》1981 年第 9 期。

陈佩芬：《繁卣、趞鼎及梁其钟铭文诠释》，《上海博物馆集刊》（2），上海古籍出版社，1983 年。

陈全方：《早周都邑初探》，《文物》1979 年第 10 期。

陈伟：《里耶秦简牍校释（第 1 卷）》，武汉大学出版社，2012 年。

程俊英：《诗经译注》，上海古籍出版社，2004 年。

程学华：《宝鸡扶风发现西周铜器》，《文物》1959 年第 11 期。

种建荣：《周原遗址姚家墓地结构分析》，《华夏考古》2018 年第 5 期。

D

德方、劳霍、春芳：《洛阳大面积发掘西周冶铜遗址》，《中国文物报》1989 年 2 月 24 日，第 2 版。

丁乙（张长寿）：《周原的建筑遗存和铜器窖藏》，《考古》1982 年第 4 期。

杜金鹏：《周原宫殿建筑类型及其相关问题探讨》，《考古学报》2009 年第 4 期。

杜佑：《通典》，中华书局，1984 年。

杜正胜：《周代城邦》，联经出版事业股份有限公司，1979 年。

杜正胜：《编户齐民——传统政治社会结构之形成》，（台）联经出版事业股份有限公司，1990 年。

E

恩格斯著，中共中央马克思恩格斯列宁斯大林著作编译局译：《家庭、私有制和国家的起源》，人民出版社，1999 年。

F

范文澜、蔡美彪等：《中国通史》，人民出版社，1994 年。

方诗铭、王修龄：《古本竹书纪年辑证（修订本）》，上海古籍出版社，2005 年。

方述鑫：《〈史密簋〉铭文中的齐师、族徒、遂人——兼论西周时代乡遂制度与兵制的关系》，《四川大学学报（哲学社会科学版）》1998 年第 1 期。

扶风县文化馆、陕西省文管会：《陕西扶风出土西周伯公式诸器》，《文物》1976 年第 6 期。

傅熹年：《陕西岐山凤雏西周建筑遗址初探——周原西周建筑遗址研究之一》，《文物》1981 年第 1 期。

傅熹年：《陕西扶风召陈西周建筑遗址初探——周原西周建筑遗址研究之二》，《文物》1981 年第 3 期。

傅永魁:《洛阳东郊西周墓发掘简报》,《考古》1959 年第 4 期。

G

甘肃省文物考古研究所、甘肃省博物馆、中国文物研究所、中国社会科学院
　　历史研究所:《居延新简——甲渠候官》,中华书局,1994 年。

高亨:《商君书注译》,中华书局,1974 年。

高明:《古陶文汇编》,中华书局,1990 年。

邰向平:《洛阳地区西周墓葬研究》,吉林大学硕士学位论文,2002 年。

邰向平:《商系墓葬研究》,科学出版社,2011 年。

固始侯古堆一号墓发掘组:《河南固始侯古堆一号墓发掘简报》,《文物》
　　1981 年第 1 期。

郭宝钧、林寿晋:《一九五二年秋季洛阳东郊发掘报告》,《考古学报》第 9
　　册,1955 年。

郭沫若:《长安县张家坡铜器群铭文汇释》,《考古学报》1962 年第 1 期。

郭沫若:《中国史稿》,人民出版社,1976 年。

郭沫若:《郭沫若全集·考古编·第五卷·金文丛考》,科学出版社,2002 年。

郭豫才:《试论西周的公社问题》,《河南师大学报(社会科学版)》1983 年第
　　1 期。

H

韩建业:《殷墟西区墓地分析》,《考古》1997 年第 1 期。

韩康信、潘其风:《安阳殷墟中小墓人骨的研究》,《安阳殷墟头骨研究》,文
　　物出版社,1985 年。

何景成:《商周青铜器族氏铭文研究》,齐鲁书社,2009 年。

河北省文物研究所、保定地区文物管理所:《定州北庄子商墓发掘简报》,
　　《文物春秋》1992 年增刊。

河南省文化局文物工作队:《1958 年春河南安阳市大司空村殷代墓葬发掘
　　简报》,《考古通讯》1958 年第 10 期。

河南省文物考古研究院:《河南荥阳小胡村墓地商代墓葬发掘简报》,《华夏
　　考古》2015 年第 1 期。

河南省文物考古研究院、郑州市文物考古研究院、荥阳市文物保护管理中
　　心:《荥阳西司马墓地》,大象出版社,2016 年。

河南省信阳地区文管会、河南省罗山县文化馆:《罗山天湖商周墓地》,《考
　　古学报》1986 年第 2 期。

何毓灵：《试论安阳殷墟孝民屯遗址半地穴式建筑群的性质及相关问题》，《华夏考古》2009 年第 2 期。

湖北荆沙铁路考古队：《包山楚简》，文物出版社，1991 年。

湖北省博物馆、湖北省文物考古研究所、随州市博物馆：《随州叶家山——西周早期曾国墓地》，文物出版社，2013 年。

胡洪琼：《殷墟仿铜陶礼器墓试析》，《华夏考古》2006 年第 3 期。

胡厚宣：《殷墟发掘》，学习生活出版社，1955 年。

湖南省文物考古研究所：《里耶秦简（壹）》，文物出版社，2012 年。

胡奇光、方环海：《尔雅译注》，上海古籍出版社，2004 年。

胡谦盈：《丰镐考古工作三十年（1951—1981）的回顾》，《文物》1982 年第 10 期。

黄凤春、胡刚：《说西周金文中的"南公"——兼论随州叶家山西周曾国墓地的族属》，《江汉考古》2014 年第 2 期。

黄怀信、张懋镕、田旭东：《逸周书汇校集注》，上海古籍出版社，2007 年。

黄展岳：《古代人牲人殉通论》，文物出版社，2004 年。

J

吉林大学古籍研究所：《吉林大学古籍研究所建所三十周年纪念论文集》，上海古籍出版社，2014 年。

贾连敏、曾晓敏、梁法伟、于宏伟：《河南荥阳胡村发现晚商贵族墓地》，《中国文物报》2007 年 1 月 5 日，第 5 版。

江灏、钱宗武译著，周秉钧审校：《今古文尚书全译》，贵州人民出版社，2009 年。

井中伟：《西周墓中"毁兵"葬俗的考古学观察》，《考古与文物》2006 年第 4 期。

井中伟、王立新：《夏商周考古学》，科学出版社，2013 年。

巨万仓：《陕西岐山王家嘴、衙里西周墓葬发掘简报》，《文博》1985 年第 5 期。

L

雷兴山：《周原遗址刘家墓地分析》，《考古学研究（七）》，科学出版社，2008 年。

雷兴山：《论周原遗址西周时期手工业者的居与葬——兼谈特殊器物在聚落结构研究中的作用》，《华夏考古》2009 年第 4 期。

李伯谦、郑杰祥：《后李商代墓葬族属试析》，《中原文物》1981 年第 4 期。

李伯谦:《从灵石旌介商墓的发现看晋陕高原青铜文化的归属》,《北京大学学报(哲学社会科学版)》1988 年第 2 期。

李伯谦:《从晋侯墓地看西周公墓墓地制度的几个问题》,《考古》1997 年第 11 期。

李峰著,吴敏娜、胡晓军、徐景昭、侯昱文译:《西周的政体——中国早期的官僚制度和国家》,生活·读书·新知三联书店,2010 年。

李零:《中国古代居民组织的两大类型及其不同来源——春秋战国时期齐国居民组织试析》,《文史》1987 年第 1 辑(总第 28 辑)。

李民:《说洛邑、成周与王城》,《郑州大学学报(哲学社会科学版)》1982 年第 1 期。

李先登:《禹鼎集释》,《中国历史博物馆馆刊》1984 年第 6 期。

李秀亮:《先秦乡里制度研究》,河北师范大学博士学位论文,2012 年。

李修松:《周代里社初论》,《安徽师大学报(哲学社会科学版)》1986 年第 1 期。

李学勤:《青铜器与周原遗址》,《西北大学学报(哲学社会科学版)》1981 年第 7 期。

李学勤:《论西周金文的六师、八师》,《华夏考古》1987 年第 2 期。

李忠林:《殷商兵制若干问题刍议》,《中国史研究》2014 年第 2 期。

李宗侗:《中国古代社会新研 历史的剖面》,中华书局,2010 年。

梁晓景、马三鸿:《洛阳涧滨 AM21 西周墓》,《文物》1999 年第 9 期。

梁星彭、冯孝唐:《陕西长安、扶风出土西周铜器》,《考古》1963 年第 8 期。

梁星彭:《张家坡西周洞室墓渊源与族属探讨》,《考古》1996 年第 5 期。

梁云:《成周与王城考辨》,《考古与文物》2002 年第 5 期。

林甘泉:《对西周土地关系的几点新认识——读岐山董家村出土铜器铭文》,《文物》1976 年第 5 期。

林留根:《论中国墓葬封土之源流》,《东南文化》1996 年第 4 期。

林森:《商周时期"百工"研究》,《史学集刊》2014 年第 1 期。

林森:《从张家坡墓地看西周社会基层地域组织》,《中国国家博物馆馆刊》2014 年第 7 期。

林沄:《商代兵制管窥》《吉林大学社会科学学报》1990 年第 5 期。

林沄:《林沄学术文集》,中国大百科全书出版社,1998 年。

林沄:《"百姓"古义新解——兼论中国早期国家的社会基础》,《吉林大学社会科学学报》2005 年第 4 期。

林沄:《林沄学术文集(二)》,科学出版社,2008 年。

林沄：《季姬方尊铭文试释》，《庆祝宿白先生九十华诞文集》，科学出版社，
2012 年。

刘富良：《洛阳西周陶器墓研究》，《考古与文物》1998 年第 3 期。

刘兴唐：《里庐考》，《食货》第三卷第十二期，1936 年 5 月。

鲁西奇：《中国古代乡里制度研究》，北京大学出版社，2021 年。

路易斯·亨利·摩尔根著，杨东莼、马雍、马巨译：《古代社会》，商务印书
馆，2012 年。

罗红侠：《扶风黄堆老堡三座西周残墓清理简报》，《考古与文物》1994 年第
3 期。

罗红侠：《扶风黄堆老堡西周残墓清理简报》，《文博》1994 年第 5 期。

罗西章：《扶风新征集了一批西周青铜器》，《文物》1973 年第 11 期。

罗西章：《扶风出土的商周青铜器》，《考古与文物》1980 年第 4 期。

罗西章：《从周原出土文物试论西周货币》，《中国钱币》1985 年第 2 期。

罗西章：《周原青铜器窖藏及有关问题的探讨》，《考古与文物》1988 年第
2 期。

罗西章：《扶风齐家村西周墓清理简报》，《文博》1990 年第 3 期。

罗西章：《扶风齐家村西周石器作坊调查记》，《文博》1992 年第 5 期。

罗西章：《西周王盂考——兼论莽京地望》，《考古与文物》1998 年第 1 期。

罗西章：《陕西周原新出土的青铜器》，《考古》1999 年第 4 期。

雒有仓：《商周青铜器族徽文字综合研究》，陕西师范大学博士学位论文，
2007 年。

雒有仓：《商周家族墓地出土族徽铜器与所见族氏结构》，《中国国家博物馆
馆刊》2013 年第 4 期。

雒有仓：《商周家族墓地所见族徽文字与族氏关系》，《考古》2013 年第
8 期。

洛阳博物馆：《洛阳北窑村西周遗址 1974 年度发掘简报》，《文物》1981 年
第 7 期。

洛阳市第二文物工作队：《洛阳五女冢西周墓发掘简报》，《文物》1997 年第
9 期。

洛阳市第二文物工作队：《洛阳五女冢西周早期墓葬发掘简报》，《文物》
2000 年第 10 期。

洛阳市第一文物工作队：《洛阳瀍水东岸西周窑址清理简报》，《中原文物》
1988 年第 2 期。

洛阳市文物工作队：《1975—1979 年洛阳北窑西周铸铜遗址的发掘》，《考

古》1983 年第 5 期。

洛阳市文物工作队：《洛阳东关五座西周墓的清理》，《中原文物》1984 年第
　　3 期。

洛阳市文物工作队：《洛阳市东郊发现的两座西周墓》，《文物》1992 年第
　　3 期。

洛阳市文物工作队：《洛阳东郊 C5M906 号西周墓》，《考古》1995 年第 9 期。

洛阳市文物工作队：《洛阳北窑西周墓》，文物出版社，1999 年。

洛阳市文物工作队：《洛阳林校西周车马坑》，《文物》1999 年第 3 期。

洛阳市文物工作队：《洛阳东郊西周墓》，《文物》1999 年第 9 期。

洛阳市文物工作队：《洛阳东车站两周墓发掘简报》，《文物》2003 年第
　　12 期。

洛阳市文物工作队：《洛阳市启明西路西周墓发掘简报》，《〈考古与文物〉
　　增刊·先秦考古》，2004 年。

洛阳市文物工作队：《洛阳市唐城花园 C3M417 西周墓发掘简报》，《文物》
　　2004 年第 7 期。

洛阳市文物工作队：《洛阳瀍河东岸西周墓的发掘》，《文物》2006 年第
　　3 期。

洛阳市文物工作队：《河南洛阳市王城大道发现西周墓》，《考古》2006 年第
　　6 期。

洛阳市文物工作队：《河南洛阳市唐城花园西周墓葬的清理》，《考古》2007
　　年第 2 期。

洛阳市文物工作队：《洛阳涧河东岸西周晚期墓》，《文物》2007 年第 9 期。

洛阳市文物工作队：《洛阳老城北大街西周墓》，《文物》2010 年第 8 期。

洛阳市文物工作队：《洛阳体育场路东周墓发掘简报》，《文物》2011 年第
　　5 期。

洛阳市文物工作队：《洛阳北窑西周车马坑发掘简报》，《文物》2011 年第
　　8 期。

洛阳市文物考古研究院：《洛阳铁道·龙锦家园西周墓发掘简报》，《中国国
　　家博物馆馆刊》2015 年第 11 期。

罗振玉：《贞松堂集古遗文》，1931 年。

雒忠如：《扶风县又出土了周代铜器》，《文物》1963 年第 9 期。

吕全义：《两周基层地域性居民组织研究》，上海古籍出版社，2021 年。

吕文郁：《周代的采邑制度》，社会科学文献出版社，2006 年。

吕学明：《中国北方地区出土的先秦时期铜刀研究》，科学出版社，2010 年。

M

马承源：《商周青铜器铭文选》，文物出版社，1988 年。

马承源等：《陕西眉县出土窖藏青铜器笔谈》，《文物》2003 年第 6 期。

马得志、周永珍、张云鹏：《一九五三年安阳大司空村发掘报告》，《考古学报》（第九册），1955 年。

马赛：《周原遗址西周时期人群构成情况研究——以墓葬材料为中心》，《古代文明》（第 8 卷），文物出版社，2010 年。

孟宪武：《殷墟南区墓葬发掘综述——兼谈几个相关的问题》，《中原文物》1986 年第 3 期。

穆海亭、朱捷元：《新发现的西周王室重器五祀𤼈钟考》，《人文杂志》1983 年第 2 期。

P

庞怀清、镇烽、忠如、志儒：《陕西省岐山县董家村西周铜器窖穴发掘简报》，《文物》1976 年第 5 期。

庞文龙：《岐山县博物馆藏商周青铜器录遗》，《考古与文物》1994 年第 3 期。

Q

祁健业：《岐山县博物馆近几年来征集的商周青铜器》，《考古与文物》1984 年第 5 期。

岐山县周原博物馆：《陕西周原遗址贺家村车马器窖藏清理简报》，《中国国家博物馆馆刊》2015 年第 11 期。

齐文涛：《概述近年来山东出土的商周青铜器》，《文物》1972 年第 5 期。

祁延霈：《山东益都苏埠屯出土铜器调查记》，《中国考古学报》1947 年第 2 期。

裘锡圭：《关于商代的宗族组织与贵族和平民两个阶级的初步研究》，《古代文史研究新探》，江苏古籍出版社，1992 年。

裘锡圭：《古文字论集》，中华书局，1992 年。

R

阮元：《十三经注疏》，中华书局，1980 年。

S

山东大学历史文化学院、洛阳市文物考古研究院：《河南洛阳市东郊帽郭村西周墓 C5M1981 的发掘》,《考古》2022 年第 3 期。

山东省博物馆:《山东益都苏埠屯第一号奴隶殉葬墓》,《文物》1972 年第
　　8 期。

山东省文物考古研究所、山东省博物馆、济宁地区文物组、曲阜县文管会:
　　《曲阜鲁国故城》,齐鲁书社,1982 年。

山东省文物考古研究所、青州市博物馆:《青州市苏埠屯商代墓发掘报告》:
　　《海岱考古》第 1 辑,山东大学出版社,1989 年。

陕西省博物馆、陕西省文物管理委员会:《陕西省博物馆,陕西省文物管理
　　委员会藏青铜器图释》,文物出版社,1960 年。

陕西省博物馆、陕西省文物管理委员会:《扶风齐家村青铜器群》,文物出版
　　社,1963 年。

陕西省博物馆、陕西省文物管理委员会:《陕西岐山贺家村西周墓葬》,《考
　　古》1976 年第 1 期。

山西省考古研究所:《灵石旌介商墓》,科学出版社,2006 年。

山西省考古研究所、北京大学考古学系:《天马——曲村遗址北赵晋侯墓地
　　第三次发掘》,《文物》1994 年第 8 期。

山西省考古研究所、北京大学考古学系:《天马——曲村遗址北赵晋侯墓地
　　第四次发掘》,《文物》1994 年第 8 期。

山西省考古研究所大河口墓地联合考古队:《山西翼城县大河口西周墓
　　地》,《考古》2011 年第 7 期。

山西省考古研究所、运城市文物工作站、绛县文化局:《山西绛县横水西周
　　墓地》,《考古》2006 年第 7 期。

陕西省考古研究所:《陕西扶风云塘、齐镇建筑基址 2002 年度发掘简报》,
　　《考古与文物》2007 年第 3 期。

陕西省考古研究所、陕西省文物管理委员会、陕西省博物馆:《陕西出土商
　　周青铜器(一)》,文物出版社,1979 年。

陕西省考古研究所、陕西省文物管理委员会,陕西省博物馆:《陕西出土商
　　周青铜器(二)》,文物出版社,1980 年。

陕西省考古研究所、陕西省文物管理委员会,陕西省博物馆:《陕西出土商
　　周青铜器(三)》,文物出版社,1980 年。

陕西省考古研究院:《贾里村西周遗址》,文物出版社,2017 年。

陕西省考古研究院、北京大学考古文博学院、宝鸡市周原博物馆:《周原遗
　　址东部边缘:2012 年度田野考古报告》,上海古籍出版社,2018 年。

陕西省考古研究院、北京大学考古文博学院、中国社会科学院考古研究所、

周原考古队:《周原——2002 年度齐家制玦作坊和礼村遗址考古发掘报告》,科学出版社,2010 年。

陕西省文物管理委员会:《陕西兴平、凤翔发现铜器》,《文物》1961 年第 7 期。

陕西省文物管理委员会:《陕西扶风、岐山周代遗址和墓葬调查发掘报告》,《考古》1963 年第 12 期。

陕西周原扶风文管所:《周原西周遗址扶风地区出土几批青铜器》,《考古与文物》1982 年第 2 期。

陕西周原扶风文管所:《周原发现师同鼎》,《文物》1982 年第 12 期。

陕西周原考古队:《陕西扶风庄白一号西周青铜器窖藏发掘简报》,《文物》1978 年第 3 期。

陕西周原考古队:《陕西扶风县云塘、庄白二号西周铜器窖藏》,《文物》1978 年第 11 期。

陕西周原考古队:《陕西岐山凤雏村西周建筑基址发掘简报》,《文物》1979 年第 10 期。

陕西周原考古队:《陕西岐山凤雏村发现周初甲骨文》,《文物》1979 年第 10 期。

陕西周原考古队:《陕西扶风齐家村十九号西周墓》,《文物》1979 年第 11 期。

陕西周原考古队:《陕西岐山凤雏村西周青铜器窖藏简报》,《文物》1979 年第 11 期。

陕西周原考古队:《扶风云塘西周骨器制造作坊遗址试掘简报》,《文物》1980 年第 4 期。

陕西周原考古队:《扶风召陈西周建筑群基址发掘简报》,《文物》1981 年第 3 期。

陕西周原考古队:《陕西岐山贺家村西周墓发掘报告》,《文物资料丛刊》(8),文物出版社,1983 年第 12 期。

陕西周原考古队:《扶风刘家姜戎墓葬发掘简报》,《文物》1984 年第 7 期。

陕西周原考古队:《扶风黄堆西周墓地钻探清理简报》,《文物》1986 年第 8 期。

沈长云、李秀亮:《西周时期"里"的性质》,《历史研究》2011 年第 4 期。

石鼓山考古队:《陕西省宝鸡市石鼓山西周墓》,《考古与文物》2013 年第 1 期。

石鼓山考古队:《陕西宝鸡石鼓山西周墓葬发掘简报》,《文物》2013 年第 2 期。

史念海:《周原的历史地理与周原考古》,《西北大学学报(哲学社会科学版)》1978 年第 7 期。

史念海:《河山集(二集)》,生活·读书·新知三联书店,1981 年。

史言:《扶风庄白大队出土的一批西周铜器》,《文物》1972 年第 6 期。

司马迁:《史记》,中华书局,1982 年。

孙庆伟:《凤雏三号建筑基址与周代的亳社》,《中国国家博物馆馆刊》2016 年第 3 期。

孙晓春:《成周八师为东方各国军队说》,《史学集刊》1986 年第 4 期。

孙诒让撰,王文锦、陈玉霞点校:《周礼正义》,中华书局,1987 年。

T

唐际根:《殷墟家族墓地初探》,《中国商文化国际学术讨论会论文集》,中国大百科全书出版社,1998 年。

唐际根,荆志纯:《安阳的"商邑"与"大邑商"》,《考古》2009 年第 9 期。

汤威:《舌族探微——1933 年安阳薛家庄殷墓稽考》,《中原文物》2011 年第 3 期。

汤威:《郑州出土舌铭铜器考》,《中国国家博物馆馆刊》2011 年第 10 期。

滕铭予:《秦文化:从封国到帝国的考古学观察》,学苑出版社,2002 年。

田昌五、臧知非:《周秦社会结构研究》,西北大学出版社,1996 年。

仝晰纲:《中国古代乡里制度研究》,山东人民出版社,1999 年。

W

王恩田:《岐山凤雏村西周建筑群基址的有关问题》,《文物》1981 年第 1 期。

王恩田:《陶文图录》,齐鲁书社,2006 年。

王晖:《季姬尊铭与西周兵民基层组织初探》,《人文杂志》2014 年第 9 期。

王立新、朱永刚:《下七垣文化探源》,《华夏考古》1995 年第 4 期。

王立新:《早商文化研究》,高等教育出版社,1998 年。

王人聪:《令彝铭文释读与王城问题》,《文物》1997 年第 6 期。

王学荣、何毓灵:《安阳殷墟孝民屯遗址的考古新发现及相关认识》,《考古》2007 年第 1 期。

文物编辑委员会:《文物资料丛刊》(2),文物出版社,1978 年。

吴镇烽、雒忠如:《陕西省扶风县强家村出土的西周铜器》,《文物》1975 年第 8 期。

吴镇烽:《商周青铜器铭文暨图像集成》,上海古籍出版社,2012年。

X

夏名采,刘华国:《山东青州市苏埠屯墓群出土的青铜器》,《考古》1996年第5期。

肖楠:《试论卜辞中的"工"与"百工"》,《考古》1981年第3期。

谢桂华,李均明,朱国炤:《居延汉简释文合校》,文物出版社,1987年。

谢肃:《商文化手工业作坊内的祭祀(或巫术)遗存》,《江汉考古》2010年第1期。

谢伟峰:《从血缘到地缘:春秋战国制度大变革研究》,陕西师范大学博士学位论文,2013年。

谢维扬:《周代家庭形态》,黑龙江人民出版社,2005年。

谢尧亭:《晋国早期人群来源和结构考察》,吉林大学边疆考古研究所:《新果集——庆祝林沄先生七十华诞论文集》,科学出版社,2009年。

信阳地区文管会、罗山县文化馆:《河南罗山县蟒张商代墓地第一次发掘简报》,《考古》1981年第2期。

信阳地区文管会、罗山县文化馆:《罗山县蟒张后李商周墓地第二次发掘简报》,《中原文物》1981年第4期。

信阳地区文管会、罗山县文管会:《罗山蟒张后李商周墓地第三次发掘简报》,《中原文物》1988年第1期。

辛怡华:《扶风庄白戈墓族属考》,《考古与文物》2001年第4期。

辛怡华:《周原——西周时期异姓贵族的聚居地》,《文博》2002年第5期。

辛怡华:《岐山贺家出土铜器铭文研究》,《文博》2017年第1期。

许宏、刘莉:《关于二里头遗址的省思》,《文物》2008年第1期。

徐良高、王巍:《陕西扶风云塘西周建筑基址的初步认识》,《考古》2002年第9期。

许慎:《说文解字》,中华书局,1963年。

徐松:《唐两京城坊考》,中华书局,1985年。

徐锡台:《岐山贺家村周墓发掘简报》,《考古与文物》1980年第1期。

徐锡台:《周原考古工作的主要收获》,《考古与文物》1988年第5、6期合刊。

徐昭峰:《成周与王城考略》,《考古》2007年第11期。

徐中舒:《论西周是封建制社会——兼论殷代社会性质》,《历史研究》1957年第7期。

徐中舒:《禹鼎的年代及其相关问题》,《考古学报》1959年第3期。

Y

杨伯峻：《春秋左传注》,中华书局,2009 年。

杨鸿勋：《西周歧邑建筑遗址初步考察》,《文物》1981 年第 3 期。

杨宽：《论西周金文中"六自""八自"和乡遂制度的关系》,《考古》1964 年
　　第 8 期。

杨宽：《再论西周金文中"六自"和"八自"的性质》,《考古》1965 年第 10 期。

杨宽：《中国古代的井田制度和村社组织》,收入同作者:《先秦史十讲》,复
　　旦大学出版社,2006 年。

杨雷：《周原空间结构刍议》,《华夏考古》2008 年第 3 期。

杨树达：《积微居金文说》,科学出版社,1959 年。

杨天宇：《周礼译注》,上海古籍出版社,2004 年。

叶万松、张剑、李德方：《西周洛邑城址考》,《华夏考古》1991 年第 2 期。

殷之彝：《山东益都苏埠屯墓地和"亚醜"铜器》,《考古学报》1977 年第
　　2 期。

于凯：《西周金文中的"自"和西周的军事功能区》,《史学集刊》2004 年第
　　3 期。

俞伟超：《中国古代公社组织的考察——论先秦两汉的"單—僤—彈"》,文
　　物出版社,1988 年。

于省吾：《略论西周金文中的"六自"和"八自"及其屯田制》,《考古》1964
　　年第 3 期。

于省吾：《关于〈论西周金文中六自八自和乡遂制度的关系〉一文的意见》,
　　《考古》1965 年第 3 期。

原海兵：《殷墟中小墓人骨的综合研究》,吉林大学博士学位论文,2010 年。

Z

臧知非：《秦汉里制与基层社会结构》,《东岳论丛》2005 年第 6 期。

臧知非：《先秦什伍乡里制度试探》,《人文杂志》1994 年第 1 期。

曾雯、李佳伟、岳洪彬、王明辉、周慧、朱泓：《2004 年殷墟大司空遗址出土人
　　骨线粒体 DNA 研究报告》,《华夏考古》2018 年第 2 期。

张剑：《洛阳两周考古概述》,《洛阳考古四十年》,科学出版社,1996 年。

张剑,蔡运章：《洛阳东郊 13 号西周墓的发掘》,《文物》1998 年第 10 期。

张剑：《洛阳西周墓葬形制的分类》,《〈考古与文物〉增刊(先秦考古)》,
　　2002 年。

张家强、蔡宁、雷兴山：《郑州西司马墓地结构与社会结构分析》,《华夏考

古》2018年第5期。

张礼艳:《丰镐地区西周墓葬研究》,社会科学文献出版社,2015年。

张懋镕:《周人不用日名说》,《历史研究》1993年第5期。

张懋镕:《周人不用族徽说》,《考古》1995年第9期。

张懋镕:《再论"周人不用日名说"》,《文博》2009年第3期。

张明东:《略论商周墓葬的毁兵葬俗》,《中国历史文物》2005年第4期。

张信通:《秦汉里制研究》,河南大学博士学位论文,2013年。

张亚初、刘雨:《西周金文官制研究》,中华书局,1986年。

张应桥:《洛阳北窑西周墓地性质初探》,《四川文物》2006年第2期。

张应桥:《西周卫国国君康伯懋事迹考》,《文博》2006年第6期。

张政烺:《张政烺文集:甲骨金文与商周史研究》,中华书局,2012年。

赵秀玲:《中国乡里制度》,社会科学文献出版社,1998年。

赵学谦:《陕西宝鸡、扶风出土的几件青铜器》,《考古》1963年第10期。

郑若葵:《殷墟"大邑商"族邑布局初探》,《中原文物》1995年第3期。

郑州大学历史文化遗产保护中心、郑州市文物考古研究院:《河南荥阳市官庄周代城址发掘简报》,《考古》2016年第8期。

中国科学院考古研究所:《洛阳中州路(西工段)》,科学出版社,1959年。

中国科学院考古研究所:《上村岭虢国墓地》,科学出版社,1959年。

中国科学院考古研究所:《美帝国主义劫掠的我国殷周铜器集录》,科学出版社,1962年。

中国科学院考古研究所:《沣西发掘报告》,文物出版社1963年。

中国科学院考古研究所安阳发掘队:《1958—1959年殷墟发掘简报》,《考古》1961年第2期。

中国科学院考古研究所安阳发掘队:《1962年安阳大司空村发掘简报》,《考古》1964年第8期。

中国社会科学院考古研究所:《殷墟青铜器》,文物出版社,1985年。

中国社会科学院考古研究所:《殷墟发掘报告(1958—1961)》,文物出版社,1987年。

中国社会科学院考古研究所:《殷墟妇好墓》,文物出版社,1980年。

中国社会科学院考古研究所:《洛阳发掘报告(1955—1960年洛阳涧滨考古发掘资料)》,北京燕山出版社,1989年。

中国社会科学院考古研究所:《殷墟的发现与研究》,科学出版社,1994年。

中国社会科学院考古研究所:《安阳殷墟郭家庄商代墓葬——1982年~1992年考古发掘报告》,中国大百科全书出版社,1998年。

中国社会科学院考古研究所：《张家坡西周墓地》，中国大百科全书出版社
　　1999 年。

中国社会科学院考古研究所：《中国考古学·两周卷》，中国社会科学出版
　　社，2004 年。

中国社会科学院考古研究所：《滕州前掌大墓地》，文物出版社，2005 年。

中国社会科学院考古研究所安阳工作队：《1969～1977 年殷墟西区墓葬发
　　掘报告》，《考古学报》1979 年第 1 期。

中国社会科学院考古研究所安阳工作队：《安阳小屯村北的两座殷代墓》，
　　《考古学报》1981 年第 4 期。

中国社会科学院考古研究所安阳工作队：《1987 年夏安阳郭家庄东南殷墓
　　的发掘》，《考古》1988 年第 10 期。

中国社会科学院考古研究所安阳工作队：《1986 年安阳大司空村南地的两
　　座殷墓》，《考古》1989 年第 7 期。

中国社会科学院考古研究所安阳工作队：《1984～1988 年安阳大司空村北
　　地殷代墓葬发掘报告》，《考古学报》1994 年第 4 期。

中国社会科学院考古研究所安阳工作队：《河南安阳市郭家庄东南 26 号
　　墓》，《考古》1998 年第 10 期。

中国社会科学院考古研究所安阳工作队：《安阳殷墟刘家庄北 1046 号墓》，
　　《考古学集刊（第 15 辑）》，文物出版社，2004 年。

中国社会科学院考古研究所安阳工作队：《殷墟大司空 M303 发掘报告》，
　　《考古学报》2008 年第 3 期。

中国社会科学院考古研究所安阳工作队：《河南安阳市殷墟孝民屯东南地
　　商代墓葬 1989～1990 年的发掘》，《考古》2009 年第 9 期。

中国社会科学院考古研究所沣西发掘队：《1967 年长安张家坡西周墓葬的
　　发掘》，《考古学报》1980 年第 4 期。

中国社会科学院考古研究所沣西发掘队：《1976—1978 年长安沣西发掘简
　　报》，《考古》1981 年第 1 期。

中国社会科学院考古研究所扶风考古队：《一九六二年陕西扶风齐家村发
　　掘简报》，《考古》1980 年第 1 期。

中国社会科学院考古研究所洛阳唐城队：《洛阳老城发现四座西周车马
　　坑》，《考古》1988 年第 1 期。

周宏伟：《西周都城诸问题试解》，《中国历史地理论丛》2014 年第 1 期。

周立、石艳艳：《洛阳西周早期大规模祭祀遗存的发掘》，《中国文物报》，
　　2011 年 6 月 17 日，第 4 版。

周文：《新出土的几件西周铜器》，《文物》1972 年第 7 期。

周原博物馆：《1995 年扶风黄堆老堡子西周墓清理简报》，《文物》2005 年第
　　4 期。

周原博物馆：《1996 年扶风黄堆老堡子西周墓清理简报》，《文物》2005 年第
　　4 期。

周原扶风文管所：《扶风齐家村七、八号西周铜器窖藏清理简报》，《考古与
　　文物》1985 年第 1 期。

周原扶风文管所：《陕西扶风县强家一号西周墓》，《文博》1987 年第 4 期。

周原考古队：《周原出土伯公父簠》，《文物》1982 年第 6 期。

周原考古队：《陕西扶风县云塘、齐镇西周建筑基址 1999~2000 年度发掘简
　　报》，《考古》2002 年第 9 期。

周原考古队：《2001 年度周原遗址调查报告》，《古代文明》(第 2 卷)，文物
　　出版社，2003 年。

周原考古队：《2001 年度周原遗址(王家嘴、贺家地点)发掘简报》，《古代文
　　明》(第 2 卷)，文物出版社，2003 年。

周原考古队：《1999 年度周原遗址 IA1 区及 IVA1 区发掘简报》，《古代文
　　明》(第 2 卷)，文物出版社，2003 年。

周原考古队：《陕西周原遗址发现西周墓葬与铸铜遗址》，《考古》2004 年第
　　1 期。

周原考古队：《陕西扶风县周原遗址庄李西周墓发掘简报》，《考古》2008 年
　　第 12 期。

周原考古队：《周原庄李西周铸铜遗址 2003 与 2004 年春季发掘报告》，《考
　　古学报》2011 年第 2 期。

周原考古队：《周原遗址凤雏三号基址 2014 年发掘简报》，《中国国家博物
　　馆馆刊》2015 年第 7 期。

周原考古队：《陕西宝鸡市周原遗址 2014~2015 年的勘探与发掘》，《考古》
　　2016 年第 7 期。

周振甫：《周易译注》，中华书局，1991 年。

朱凤瀚：《先秦时代的"里"——关于先秦基层地域组织之发展》，《先秦史
　　研究》，云南民族出版社，1987 年。

朱凤瀚：《商周家族形态研究(增订本)》，天津古籍出版社，2004 年。

朱凤瀚：《〈召诰〉、〈洛诰〉、何尊与成周》，《历史研究》2006 年第 1 期。

朱凤瀚、徐勇：《先秦史研究概要》，天津教育出版社，1996 年。

邹衡：《夏商周考古学论文集续集》，科学出版社，1998 年。

图书在版编目（CIP）数据

西周基层地域组织研究 ／ 林森著. -- 上海 ： 上海
古籍出版社，2024. 12. -- ISBN 978-7-5732-1453-9

Ⅰ. K871.3

中国国家版本馆 CIP 数据核字第 2025FV2961 号

西周基层地域组织研究

林 森 著

上海古籍出版社出版发行

（上海市闵行区号景路 159 弄 1-5 号 A 座 5F　邮政编码 201101）

（1）网址：www.guji.com.cn

（2）E-mail：guji1@guji.com.cn

（3）易文网网址：www.ewen.co

上海商务联西印刷有限公司印刷

开本 700×1000　1/16　印张 10.5　插页 2　字数 178,000

2024 年 12 月第 1 版　2024 年 12 月第 1 次印刷

ISBN 978-7-5732-1453-9

K·3775　定价：58.00 元

如有质量问题,请与承印公司联系